Michael Vogtmann · Narro

buch & media

Michael Vogtmann, geboren 1952 in Straubing und aufgewachsen bei Würzburg, absolvierte eine Schauspielausbildung an der Falckenbergschule in München. Er hat Engagements an zahlreichen Theatern und Schauspielhäusern. Außerdem wirkt er in vielen TV-Sendungen mit (u. a. »Um Himmels Willen«, »Tatort«, »Polizeiruf 110« u. v. a.) Auch ist er bekannt als Double des bayerischen Innenministers Joachim Herrmann beim »Singspiel« zum Starkbieranstich auf dem Nockherberg.

Buchveröffentlichungen: »Zikaden nehmen hitzefrei. Gedichte aus Mallorca mit Fotos von B. Nottebohm«, »Wintersommer. Ein Krimi aus Franken«, »Hättikonfetti. Bairische Gedichte und Lieder« (alle erschienen im Allitera Verlag, München.)
CDs: »Musenkuss« mit H. Luksch und »Hättikonfetti« mit C. Thomass.

Vogtmann lebt und arbeitet als freier Schauspieler, Regisseur, Kabarettist und Autor in München und auf Mallorca.

www.michaelvogtmann.de

MICHAEL VOGTMANN

NARRO

MÄRCHENHAFTE NARRETEIEN
AUS MALLORCA

November 2020
Buch&media Publishing, München

Korrektorat: Dirk Peschl
Layout & Satz: Johanna Conrad
Umschlagbild: Maximilian Zander
Gesetzt aus der Shark Party und der Adobe Garamond
ISBN print 978-3-95780-207-1
ISBN epub 978-3-95780-208-8
ISBN PDF 978-3-95780-209-5
Printed in Germany

Buch&media GmbH
Merianstraße 24 · 80637 München
Fon 089 13 92 90 46 · Fax 089 13 92 90 65
Weitere Publikationen aus unserem Programm finden Sie auf
www.buchmedia-publishing.de

Kontakt und Bestellungen unter info@buchmedia.de

INHALT

DAS KÜNSTLERTREFFEN VON SAN TELMO 7

Picasso, Goya und Dalí treffen sich in dem kleinen Ort San Telmo auf Mallorca. Sie wollen die Frage lösen: »Wie male ich den Wind?« Nach kuriosen Debatten endet das Ganze im Chaos.

DER URSPRUNG DES UNIVERSUMS 18

Zwei Außerirdische landen in dem mallorquinischen Dorf S'Arracó mit dem Auftrag, den Ursprung des Universums zu finden. Von einem weisen Wiedehopf erfahren sie, dass nur hier der Anfang für alles Sein stattgefunden haben kann.

ROSA UND LEO 31

Vierzig Jahre Ehehölle. Auch der Umzug in das Seniorenheim auf Mallorca bringt für Leo und Rosa keine Veränderung. Verschiedene Mordversuche enden im Fiasko. Da erfährt Rosa, dass das Rauschgift LSD Wirkungen haben soll, die ihr Werk vollenden könnten. Der Irrsinn beginnt und steigert sich zu einem Happy End.

IPPOLIT VALKONSKI ERZÄHLT UND ERZÄHLT 45

Der Kater Valkonski beweist in einem Monolog, dass die Welt von Katzen regiert wird. Seine Argumente basieren auf einer kosmischkomischen Sprachanalyse.

AMORTISATION 74

Der Versuch, mir selbst bei der Entstehung einer Geschichte zuzuschauen. Ob's gelingt?

EXPOSÉ ZU EINEM DREHBUCH ÜBER TOMÁS DE TORQUEMEDA (MIT WERBEBLÖCKEN FÜR YOO-WIN-KOSMETIK) 83

Exposé für einen Werbefilm mit dem Großinquisitor Tomás Torquemeda:
Er macht Ferien auf Mallorca, allerdings geht der Urlaub anders aus, als er das erwartet hat.

DER SPANISCHE KÖNIG DINIERT MIT RAPUNZEL 91

Eine Erzählung an der Nahtstelle zwischen Realität und Hirngespinst, verbunden mit Texten französischer Surrealisten. Der Erzähler sitzt im balearischen Knast und behauptet, den spanischen König erschossen zu haben.

VOLLMONDNACHT 98

Mit einer dramatischen Rettungsaktion verhilft der Mallorcamond einem verzweifelten Menschen zu neuem Lebensmut. Bei dieser musikalisch erotischen Maßnahme wird er von dem erschöpften Lieben Gott begleitet.

APOTHEOSE 106

Eine Apotheose nennt man im Theater die Schlussszene, in der Figuren der vorangegangenen Handlung noch einmal auftauchen: Geronimo, ein junger, mallorquinischer Schäfer sitzt einsam am Feuer und grübelt über sein karges Dasein nach. Er möchte lesen und schreiben können, um seinen Lebenstraum zu verwirklichen. Da öffnet sich die Erde und seine Schafe werden von dem Spalt verschlungen. Wie von Zauberhand erhält er einen Brief, den ihm sein Hund Negro vorliest. Er bekommt den Auftrag, in einer »Heldenreise« die Schafe zu suchen und den Widder mit dem goldenen Vlies zurückzubringen. Geronimo begibt sich voller Angst auf die Reise. Wird er die gefährlichen Abenteuer bestehen?

DAS KÜNSTLERTREFFEN VON SAN TELMO

Francisco schlendert lächelnd mit einer Schale frisch geschlagener Mandeln in das große Wohnzimmer.

»Pablo, greif zu, du musst zu Kräften kommen! Meine Freundin Hildegard von Bingen meint, dass drei Mandeln am Tag die Manneskraft fördern.«

Picasso blickt ihn mit betrübten Augen an. Er steht unentschlossen in einer Zimmerecke, mit einem Zeichenblock in der Hand und einem Werbebleistift mit der Inschrift: *Deutsche Bank Puerto de Andratx*.

Tiefer Seufzer: »Verrate mir eins, Goya: Wie würdest du den Wind malen?«

Francisco lacht und stopft sich eine Handvoll Mandeln in den Mund. Er kann kaum sprechen und prustet Picasso Mandelsplitter auf die teure dunkelblaue Leinenjacke, die sich Pablo von *Massimo Dutti* schenken ließ.

»Den Wind? Mann, du melancholisches Künstlerseelchen, das ist ganz einfach: Segelboote mit geblähten Segeln in der Bucht von Pollenca. Mallorca: Insel der Winde oder so ähnlich.«

»Kitsch, Scheiße. Glattmalerei!«

»Na gut, dann eine Pusteblume, die von einem Kind überblasen wird.«

»Oh Mann, Francisco, ich habe es schon immer geahnt, dass du ein simples Künstlerwesen bist. Dein Bild von der Königsfamilie, na ja, nicht sooo schlecht, aber meins ist es nicht.«

»Zerzauste Haare. Wäsche, die flattert. So was malst du mühelos. Bäume, die sich biegen, meinetwegen kubistisch, wenn du nicht anders kannst ...«

»Depp! Nein, ich meine Wind, nur Wind, ohne konnotative Gegenstände ...«

»Ohne was?«

»Vergiss es ...«

»Oder ein Beutel, der sich bläht, ein Wind-Beutel ...«

Goya bekommt einen Lachanfall.

»'Ne Hose, die sich bläht, 'ne Wind-Hoho... Hose.«

Goya fällt unter den Tisch vor Lachen.

»Sehr komisch, ich habe ein künstlerisches Problem und du nimmst mich nicht ernst.«

»Ok, dann ruf doch den Dalí an, der kann dir sagen, wie du das malen kannst, vielleicht als zerlaufende Windel, die aus einer Schublade tropft?«

Goya kullert über den Boden vor Lachen.

Picasso tritt Goya in den Hintern und ruft Dalí an.

»Hallo? Wer? Perdon, da hab ich falsch gewählt ... Du, da war die Gala dran, diese Promizeitung!«

»Pablo, du bist manchmal nicht von dieser Welt, Gala ist die Frau von Salvador Dalí! Was heißt Frau? Sie ist seine Muse, sein Himmelreich, sein Modell, sein Model, seine Steuerberaterin, die Göttin seiner Metaphysik ... und sein Untergang ...«

Da erscheint Salvador Dalí in der Tür, eine Schachtel mit Ensaimadas in der Hand.

»Wieso Untergang?«

Goya wird knallrot.

»Perdona, verehrter Meister, das war nicht so gemeint.«

»Schon gut, imbécil, Blödmann.«

Dalís Auftritt verändert sofort das Klima. Er steht im Raum wie eine Erscheinung aus einem seiner Gemälde, breitkrempiger schwarzer Filzhut, dunkelblaue Samtjacke und bodenlanger schwarzer Umhang, schulterlange Haare, Koteletten, der berühmte Schnurrbart auf zehn nach zehn getrimmt, eine Pfeife im Mundwinkel und er führt einen Stock aus dunklem Ebenholz mit vergoldetem Knauf bei sich.

»Gibt's in diesem San Telmo hier am Arsch der Welt vielleicht einen ordentlichen Kaffee zu dem Gebäck?« Er wirft die Ensaimadas mit einer pompösen Geste auf den Tisch.

Picasso holt Geschirr und macht Kaffee.

Dalí schimpft: »Na, gemütlich hier, wie in einem Werbeprospekt von Ikea.«

»Entschuldige, Salvador, ich habe dich nicht eingeladen. Ich wollte mit Francito allein sein. Aber wenn du schon mal da bist, dann kannst du mir vielleicht sagen … na, ich erklär's dir gleich … und hör auf zu meckern, man kann sich bei den Fotos bei Airbnb nun mal täuschen, außerdem so ungemütlich find ich es hier auch wieder nicht …«

»Na ja, funktional, vielleicht können wir diese nichtssagenden Wände anmalen, paranoische Inspiration sag ich nur, Action-Painting und so …«

»Was redest du? Das kennst du doch nicht, du weißt überhaupt nicht, was Action-Painting ist!«

»Ich weiß nicht, was das ist? Ich? Ich?«, kreischt Dalí mit hoher Stimme. »Du hast wie immer keine Ahnung. Ich habe Jackson Pollock zu seinen Action-Painting-Sessions angestiftet, ich, nur ich, ich bin quasi der Wegbereiter des Informellen, der Abstraktion, obwohl ich das Geschmiere nicht leiden kann!«

Goya und Picasso schauen sich an, rollen die Augen, ziehen die Augenbrauen hoch, räuspern sich, denn sie wissen, dass nun eine narzisstische Performance kommt, die nicht zu stoppen ist.

»Ihr ungebildeten Einfallspinsel, ich bin die Wiege aller Kunst. Ihr mit eurer Tauromaquia, oberflächliche Glattmalerei, bei mir da würde der Stier …«

»… brennen wie eine Giraffe«, fällt Goya ihm müde ins Wort.

»Jawohl und …«

»… zerschmelzen wie eine Uhr.«

»Jawohl, wie eine Uhr.« Dalí ist für einen kurzen Moment verunsichert, wollen ihn die Kollegen vielleicht auf den Arm nehmen?

Er wechselt schnell das Thema.

»Wisst ihr eigentlich, was mein bester Freund Garcia Lorca über mich schrieb?«

Die beiden anderen schauen betreten zu Boden, sie haben es schon hundert Mal gehört.

»Nein, wisst ihr nicht.« Und er dröhnt wie der Schauspieler einer Laienbühne in Salamanca:

»O Salvador Dalí, olivenfarbenstimmig! / nicht rühm ich deinen unvollkommnen jugendlichen Pinsel, nicht deine Farbe, die um die Farbe deiner Zeit herumkreist, doch lob' ich deine Sehnsucht nach begrenzter Ewigkeit …«

Keiner applaudiert, aber Salvador ist nicht zu bremsen, er wandert durch den Raum wie ein zahnloser Zigeunerdarsteller in einer Zarzuela aus Zarragoza. Nur ein Hammerschlag Gottes könnte ihn abstellen.

»In einem genialen Überschäumen von Ideen beschloss ich, mich an die bildnerische Lösung der Quantentheorie zu begeben, und ich erfand den Quantenrealismus, um der Schwerkraft Herr zu

werden. Ich begann mit dem Bild Leda Atomica, einer Verherrlichung Galas, der Göttin meiner Metaphysik, und es gelang mir, den schwebenden Raum zu schaffen …«

Da öffnet sich der Himmel über Mallorca, eine behaarte Hand mit einem Hammer fährt herab und haut Dalí dreimal auf den Kopf. Dieser fällt röchelnd um und ist … nicht tot, aber ohnmächtig.

Goya und Picasso wickeln ihn in seinen Umhang und schleifen ihn ins Schlafzimmer.

»So! Und mein künstlerisches Problem ist noch immer nicht gelöst. Wie male ich den Wind? Francisco, bitte jetzt nicht wieder einen Witz.«

»Is ja gut. Man müsste den Wind so malen, dass es den Betrachtern den Hut vom Kopf weht …«

Picasso starrt ihn mit aufgerissenen Augen an.

»Oh, Franci, du bringst mich auf eine Idee.«

Er geht zum Bücherregal, in dem einige antiquarische Bücher stehen und nimmt ein bestimmtes Buch heraus: *Naturalis Historiae von* Plinius.

»Kennst du die Geschichte von den griechischen Malern Zeuxis und Parrhasios?«

»Nöö, wer war das?«, fragt Goya mit vollem Mund. Er verschlingt mit offensichtlichem Vergnügen eine Ensaimada.

Picasso seufzt, alles muss man erklären, wenn der andere so ungebildet ist. Aber er schluckt diesen Satz hinunter.

»Es gab einen Wettkampf zwischen diesen Malern. Er fand am Ende des 5. Jahrhunderts vor Christus statt. Zeuxis malte Trauben so naturgetreu, dass die Vögel darauf zuflogen und nach ihnen picken wollten. Bestärkt durch das Urteil der Vögel forderte nun Zeuxis seinen Kollegen Parrhasios auf, doch den Vorhang von seinem Bild zu nehmen und sein Werk zu zeigen. Erst in diesem Moment realisierte er, dass der Vorhang das Bildmotiv darstellte, und gestand seine Niederlage ein, da er zwar die Vögel, Parrhasios aber ihn, den Künstler, getäuscht hatte.«

In dem Moment fliegt eine Brieftaube durchs geöffnete Fenster, setzt sich auf Pablos Kopf. Sie hat einen Brief im Schnabel, den sie in seine Hand fallen lässt. Auf seiner Glatze lässt sie einen Taubenschiss zurück, bevor sie mit einem melancholischen »*Cucurrucucu*« in Richtung der Insel Dragonera wegfliegt.

Neugierig greift Goya den Brief, während Picasso mit einem alten Mallappen den Mist auf seinem Kopf wegwischen will. Doch da ist nichts zum Wegwischen!

Goya wendet das Kuvert hin und her.

»Kannst du das lesen, Pablo, ich glaub, das ist griechisch.«

»*An die Kollegen Picasso und Goya z. Z. San Telmo Mallorca Spanien* Absender: *Panos Parrhasios Restaurant Ephesus Alte Bräuhausgasse 11, Markt Schwaben.*

Liebe Kollegen,

ich gebe euch einen Rat: Macht es so wie ich. Ich sitze in Markt Schwaben im schönen Bayern, weil meine Nichte hier mit dem Geld, das ich ihr gegeben habe, ein griechisches Restaurant eröffnet hat. Wie ich zu so viel Geld gekommen bin? Ich habe mich selbst gemalt. Aber nicht einfach mich, sondern mich als den Philosophen Diogenes in der Tonne, ihr wisst schon, der zu Alexander dem Großen gesagt hat: ›Geh mir aus der Sonne‹. Und dieses Bild habe ich in Santorin und eine Kopie auf der Akropolis aufgestellt, habe einen Teller davor gemalt für die Münzen und Scheine und was soll ich sagen? Das ist so realistisch gemalt, dass die Touristen meinen, sie hätten den echten Diogenes vor sich, und das Geld rollt. So habe ich ein herrliches Leben und schaue mir zu, wie ich woanders bin.

PS: Übrigens war meine einzige Bedingung für das Geldgeschenk, dass in dem Lokal meiner Nichte nie das Lied ›Griechischer Wein‹, von Udo Jürgens, gespielt wird.

Viel Glück und

πολλά sapaß pollá sapaß

Euer Parrhasios«

»Toll, und ich habe gehofft, er schickt mir eine Anweisung, wie man den Wind malt.«

Die Schlafzimmertür öffnet sich, heraus wankt Dalí in ein Nachthemd gehüllt und mit einem Fahrradhelm auf dem Kopf, zum Schutz gegen Hammerschläge aus dem Himmel.

»Was für eine große Frage, Pablo, der Wind. Dazu rezitiere ich euch mein neuestes Gedicht, wie ihr wisst, schreibe ich auch.«

Goya wirft eilfertig ein: »Picasso schreibt auch, kennst du sein Theaterstück *Wie man Wünsche am Schwanz packt*?«

»Nein«, kommt unwirsch von Dalí, »und hier mein Gedicht:

Der Wind zieht seine Hosen an,
Die weißen Wasserhosen!
Er peitscht die Wellen, so stark er kann,
Die heulen und brausen und tosen.
Aus dunkler Höh', mit wilder Macht,
Die Regengüsse träufen;
Es ist, als wollt die alte Nacht
Das alte Meer ersäufen.
An den Mastbaum klammert die Möwe sich
Mit heiserem Schrillen und Schreien;
Sie flattert und will gar ängstlich
Ein Unglück prophezeien.«

»Mein lieber Señor Dalí, dieses Gedicht ist nicht von dir, das hat Heinrich Heine geschrieben, so wahr ich Picasso heiße.«

»Jajaja, das Gerücht hat dieser elende Dichterling Heine in die Welt gesetzt. Er hat es von mir geklaut, von mir, von mir, von mir! Aber Schwamm drüber, du willst wissen, wie man den Wind malt? Ich habe eine Idee.«

Aus den Mündern von Goya und Picasso ertönt gleichzeitig: »Oh Gott.«

Aber Dalí lässt sich nicht beirren.

»Lasst uns einen Wettbewerb machen wie diese griechischen Kleinkünstler. Wer den besten Wind malt ... obwohl, das ist ja wohl keine Frage.«

Goya klatscht begeistert in die Hände: »Großartig, Salvito, und der Sieger bekommt einen Strauß Pusteblumen.«

»Einverstanden, lasst uns sofort anfangen ...«

»Oh nein, Pablo, ich habe Hunger, wir gehen jetzt erst mal essen, und du lädst uns ein, findest du nicht auch, Francisco?«

Goya nickt begeistert, während Picasso heimlich in seiner Börse das Geld nachzählt.

Im Restaurant Tigy's ist noch ein Tisch frei, Dalí bestellt eine Dorade, Picasso das billigste Pamboli, Goya eine Pizza Hawaii und zwei Flaschen Wein.

Da stürzt ein junger Mann auf Picasso zu und stammelt: »Bitte, Herr Anthony Hopkins, haben Sie ein Autogramm? Sie spielen in dem Film den Picasso so großartig, Kompliment.«

Pablo reagiert cool und zieht ein Foto von sich aus der Tasche, unterschreibt: *»Herzlichst Anthony Hopkins«*. Die Kollegen blicken ihn verdattert an.

»Schaut nicht so, das passiert mir öfter«, sagt er, sogar ein bisschen stolz.

In dem Moment geht ein Pärchen an ihrem Tisch vorbei, die Frau deutet auf Dalí und flüstert laut zu ihrem Begleiter zu: »Schau, da sitzt dieser geniale Maler, wie heißt er wieder? Miró! Das ist der Miró, Schatzi! Toll, gell?«

Rot im Gesicht wirft Dalí den Tisch um und rennt mit wehendem Nachthemd und wackelndem Fahrradhelm zum Strand, stürzt sich ins Meer, wo er von einer behaarten Hand mit Schwimmhäuten zwischen den Fingern gepackt und in die dunklen Tiefen gezogen wird.

»Den sind wir los, ein Konkurrent weniger in unserem Wettbewerb«, bemerkt Goya, während er den Tisch aufstellt, die Scherben auﬂiest und Dalís glimmende Pfeife ausklopft.

Picasso wird nervös, denn er möchte endlich den Wettbewerb beginnen. Er zahlt murrend und die beiden gehen zu ihrem Appartement.

»Hier riecht's komisch«, ruft Picasso, als sie eintreten. Sie folgen dem Geruch ins Schlafzimmer, da sitzt Dalí über und über mit Algen, Tang, Quallen und toten Fischen bedeckt. Auf jeder Schnurrbartspitze windet sich ein Baby-Calamari. Eine Staffelei steht vor ihm und er murmelt zischend vor sich hin: »Verwechselt mich diese Tussi mit diesem kindischen Kritzler Miró, so eine Frechheit …«, dabei zeichnet er rasend schnell eine Giraffe, die sich offenbar gegen den Wind stemmt, denn der Hals ist geneigt und Flammen schlagen heraus, deren Rauch in die Windrichtung verweht. Er nimmt keine Notiz von den beiden.

Da drängt Picasso Goya in eine Ecke des Wohnzimmers und sprintet in die andere. Sie fangen wie im Fieber an zu malen.

Stunden vergehen. Plötzlich schreien alle drei fast gleichzeitig: »Fertig!«

Goya zeigt als Erster sein Werk. Windmühlen drehen sich, im Hintergrund fahren Segelschiffe mit geblähten Segeln, die Königsfamilie mit wehenden Haaren und Mänteln auf dem Turm vom Marivent Palast, die Silbe VENT hat Goya groß und rot geschrieben, damit auch der Dümmste den Zusammenhang zum Wind, auf katalanisch »Vent«, mitbekommt. Zu ihren Füßen liegen zwei Hunde, offenbar Windspiele.

Picasso betrachtet stumm das Bild. Er setzt einen Blick auf wie Anthony Hopkins in *Schweigen der Lämmer*.

Salvador Dalí hat zu seiner Giraffe schmelzende Uhren hinzugefügt, die in einem heftigen Sturm flattern, und aus dem Bauch eines Stieres fliegen Schubladen heraus.

Picasso ist nicht beeindruckt.

Er stellt seine Staffelei ins Zimmer, darauf ein kleines Bild, von einem echten Vorhang verdeckt. Feierlich hebt er langsam den Stoff, was ist zu sehen?

Nichts. Graue Leinwand.

Pablo blickt triumphierend seine Kollegen an: »So muss man den Wind malen, nur so.«

Da fängt das Haus an zu zittern, die Fensterscheiben klirren, die Pinien draußen neigen sich, das Meer wirft immer höhere Wellen. Ein Sturm kommt auf.

Ein Fensterladen fliegt krachend weg, noch einer, der Wind wird stärker, Staubfahnen rasen durch die Straße, in dem Lokal Tigy's krachen Geschirr und Metallstühle auf den Boden.

Picassos Augen leuchten vor Freude.

Goya und Dalí kriechen unter den Tisch, da reißt es das Dach mitsamt dem Tisch weg, sie stehen im Freien, Goyas und Dalís Bilder flattern davon, nur Picassos Nichts steht fest auf dem Boden. Die Mauern stürzen ein.

Dalís Schnurrbart wirbelt davon, er selbst wird von einer Böe erfasst und schwebt Richtung Himmel. Der Leuchtturm der Insel Dragonera saust auf ihn zu wie ein Torpedo. Dalí schwingt sich darauf wie Münchhausen auf die Kanonenkugel und lenkt das Geschoss nach Figueres auf dem Festland.

Goya klammert sich an Picasso. Da werden beide vom Orkan in die Luft gewirbelt, sie drehen sich wie ein Windrad. Picasso fängt an zu lachen, Goya wird angesteckt. Sie halten Pusteblumen in die Luft und lachen und lachen und der Sturm trägt auch sie höher und höher, eine behaarte Hand mit Schwimmhäuten zwischen den Fingern schiebt sich aus den wirbelnden Wolken, fasst die zwei und zieht sie durch einen Spalt in den Himmel. Für den Bruchteil einer Sekunde erkennt man ein Schild über einem Tor: *Himmel der Künstler*.

DER URSPRUNG DES UNIVERSUMS

Das kann nicht sein! Die Zahl ***2019*** flirrt auf dem Display. Mein Kompagnon, mit Namen Cromagnon III, hat mir eine falsche Jahreszahl vors Auge gescannt. Ich muss zurückschweben zu meiner fliegenden Untertasse, wie die niedlichen Wesen hier auf diesem bizarren Planeten unser Raumschiff nennen, und ich muss meinen Kumpel nach der korrekten Jahreszahl fragen. Denn ich bin davon ausgegangen, dass wir im Jahr ***3019*** auf Mallorca landen. Da hat Cromi, wie ich ihn nenne, eine Zahl verwechselt oder ein Algorithmus hat versagt oder es liegt am *Bima*.

Unser *Bima* funktioniert im gesamten Weltall, nur auf dieser Insel nicht. Das wundert mich nicht, denn ich habe gehört, dass hier einiges nicht funktioniert.

Was ein *Bima* ist? Das ist ein Strahlengerät, das alle Infos, die man im Universum braucht, sofort vor dein Auge bringt und dich überall dorthin transportiert, wo du hinwillst. Aber ich habe gerade keine Lust, zu dem Tramuntanagebirge zurückzukehren, wo unser Raumschiff steht. Hmmm, was tun?

Dort, ein Strand, da leg ich mich hin und erzähle euch erst mal, worum es geht.

Also Leute, Cromi und ich kommen von der außergalaktischen *Universität Sagittarius A** für alte Sprachen, geheimnisvolle Begriffe, und deren unsichtbare Zusammenhänge unter

Berücksichtigung des divergenten Antagonismus von Städte-, Dorf- und Ländernamen.

Wir vom Andromedanebel wollen herausfinden, woher wir kommen, was wir sind und wohin wir gehen. Wir sind gekommen, weil wir nach intensiven Forschungen entdeckt haben, wo der Ausgangspunkt des Lebens, der Ursprung des Weltalls zu finden ist. Nämlich auf eurer kleinkarierten, winzigen Erde.

Um es noch mehr einzugrenzen: Die Geburt des Universums hat auf dieser kuriosen Insel mit dem Namen Mallorca stattgefunden. Hier brodelte die Ursuppe allen Seins.

Hier gab es nämlich optimale Bedingungen für Lebensentwicklung. Damit Leben entsteht, braucht es unter anderem Bakterien, Viren, Aminosäuren, Nukleinsäuren und dazu noch aliphatisches, einwertiges Ethanol mit der Summenformel C_2H_6O, genannt ALKOHOL.

Ich verrate euch noch etwas: Nach unseren Informationen deuten alle Anzeichen darauf hin, dass hier bald auch das Ende von allem ansteht.

Oh, der *Bima* funktioniert wieder.

»Hallo, Cromi, hörst du mich?«

»Ja, ich höre und sehe dich. Du sollst nicht am Meer herumlungern, du sollst forschen, Lemma. Jetzt begibst du dich als Erstes zu dem mallorquinischen Dorf, das heißt S'Arracó. Ich verfrachte dich direkt hin, sonst bleibst du wieder am Strand liegen.«

Es wird Zeit, meine Damen und Herren, liebe Aliens, dass ich mich vorstelle: Mein Name ist **Lemma**. Und damit sind wir mittendrin in der Sprachforschung. Der Name hat folgenden Hintergrund: Mein Vater ist Lehrer an unserer Universität für Altandromedaisch, Altcassiopeisch, Alterdgriechisch und Alterdlatein. Und auf Alterdgriechisch heißt lēmma »das Angenommene«. Also bin ich eine mathematische Annahme, die bei einer Beweisführung gebraucht wird.

Hinzu kommt, dass mein Vater ein großer Freund des Erdschriftstellers Stanislaus Lem war, so hat er zwei Fliegen mit einer Klappe geschlagen: Lemma und Lem, cool, nicht wahr?

Aber zurück zu meinem Auftrag: Ich sitze im Moment auf einem Felsen über einem Tal, das aussieht wie ein Vogelnest. Und in dieses Nest schmiegt sich eine Siedlung von … wie heißen sie … Menschen. So schön hier, so friedlich …

»Lemma! Du sollst nicht romantisch glotzen, du Gefühlsnudel! Wir wollen herausbekommen, was der Name S'Arracó bedeutet. Das ist heute unser Job!«

»Is ja gut, melde das bitte nicht der Raumpatrouille Orion, ja?«

»Ja, ja! Also was ist das für ein Name? Mach deinen Supertrick und dann komm wieder hierher, mir ist langweilig.«

Mein Supertrick zur Erforschung des Universums geht so:

Du nimmst eine Handvoll Sand, dazu eine Fingerspitze Sternenstaub von Fixsternen, die direkt über dem Gegenstand stehen, den du erforschen willst. Dazu eine Handvoll Quellwasser. Das wirfst du so hoch in die Luft, wie du kannst. Bei uns Außerirdischen bedeutet das, dass ich das ungefähr zwei Lichtjahre hochwerfe. Dann erscheint die Analyse deiner Forschungsarbeit weiß geschrieben in die Schwärze des unendlichen Universums. Das ist keine schwere Arbeit und es macht großen Spaß. Immer wieder sind die Professoren an der Andromeda-Uni höchst entzückt über diese Art von Forschungsarbeit. Und jetzt verrate ich noch etwas: Am meisten Eindruck schindest du damit bei den kosmischen Damen. Deswegen machen wir das doch, oder? Nichts hat sich geändert seit einer Million Jahren.

Ich nehme also etwas Erde in meine Hand, nein, in meine schaufelartige Pranke, Sie wissen schon: Mutation in zehntausend Jahren.

Ich hole mit der Pranke aus und pflücke Sternenstaub aus dem Kosmos.

Jetzt mache ich mich auf die Suche nach Quellwasser. Ich schnüffle mich am Rande von S'Arracó entlang. Orangen baumeln in mein Gesicht, ich pflücke dreißig, stecke sie in mein breites Froschmaul. Welche Köstlichkeit!

O weh, dass das solche Blähungen verursacht, hab ich nicht bedacht. Ich muss aufpassen. Sonst glauben die Menschen, dass sich ein schweres Gewitter nähert. Gar nicht einfach, die Flatulenz im Zaum zu halten, da hilft am besten Johannisbrot. Das wirkt besser als jede Lefaxtablette. Dieses Algarroba, also Johannisbrot, man könnte süchtig werden. Ich lege mich unter einen Algarrobo, also Johannisbrotbaum, und lasse die Früchte ins Maul fallen.

»Lemma, du verfressener Marsmensch, mach weiter, ich warte!«

»Schon gut, aber sag nie wieder Marsmensch zu mir, hörst du, nie wieder!« Marsmensch ist nämlich ein schlimmer Schimpfname, so wie bei Euch Ostfriese oder Warmduscher.

Dort, ein Zugang zu einer Quelle. Oh, was für ein schöner Gewölbegang. Trockenmauer, geschwungen, ohne Zement, ein Name: *Enrico Mayer* und eine Jahreszahl: *1989*.

Manchmal wünsche ich mir, in dieser Zeit zu leben, als die Männer noch Brustwarzen hatten – und Blinddarmentzündungen. Als es noch Frauen gab mit Leberfleck auf der Oberlippe und putzigen kleinen Zehen. Nicht solche Luftwesen wie jetzt bei uns, die in der interstellaren Materie herumschwirren. Wenn du Nachwuchs brauchst, gehst du in einen Zeugungspark, gibst eine Nummer in einen graugrünen Apparat ein, schlabberst einmal mit deinem Froschmaul über einen Joystick und schon wächst in so einem Luftwesen ein außerirdisches Geschöpf. Menschenskinder, das ist total unerotisch.

»Lemma, nicht träumen, forsche forsch du Frosch.«

Manchmal geht er mir auf den Geist, mit seinen Wortspielereien, aber er hat recht, ich muss arbeiten.

Also weiter geht das Forschungsprojekt.

Ich schleudere Quellwasser, Sand und Staub, kurz QUERST, in den Kosmos und singe drei Mal hintereinander: »Abrakadabrasimsalabim«.

Und was passiert? Das ganze Zeug fällt mir auf den Kopf.

»Lemma!?«

»Jaaa?«

»Hast du die Erdanziehungskraft für deinen Standort ausgeschaltet?«

»Das ist dein Job, Schnapsnase.«

Unter uns, der Gromi säuft ein bisschen zu viel AlphaCentauribier, das gefällt mir nicht.

»Oh sorry, hab ich vergessen … jetzt … probier's noch mal …« Siehste, ›pro*bier*‹, er denkt nur ans Bier.

Nochmal: Ich werfe QUERST in den blauen Äther, und was passiert?

Nichts.

Da flattert ein merkwürdiges Wesen vor mir herum, landet auf meiner Schulter und flüstert in meinen Kopf (Ohren haben wir nicht mehr, brauchen wir nicht mehr).

»Lemma«, höre ich Gromi sagen, »was macht denn ein Puput auf deiner Schulter?«

»Ein was?«

»Ein Wiedehopf! Die Geschichten über den musst du bei der Vorlesung *Die Erdvögel vor zehntausend Jahren* mitgekriegt haben, kannst dich nimmer erinnern?«

Der Vogel flüstert: »Was willst du wissen? Frag mich, ich weiß alles.«

»Gut, als Erstes, wie heißt du?«

»Oh, hättest du nicht gefragt, aber ich sage es dir gerne: Mein ganzer Name lautet Don Abarran y Abelardo Marqués de Pupol Duque de Puputuria Upupa y arbolextremadura desperativo absurdelissime – aber meine Freunde nennen mich Don Abbi.«

»Also Don, warum funktioniert mein QERST-Werkzeug nicht?«

»Keine Ahnung.«

»Aber du hast doch gesagt …«

»Sshh … ich weiß alles bis zum Jahre 2019, aber ich weiß doch nichts von deinem Werkzeug, das gibt's erst in zehntausend Jahren im Jahre 13019! Mann o Mann, da hättste auch selber drauf kommen können.«

»Ok, dann erzähl mir, warum dieser zauberhafte Ort hier S'Arracó heißt. Ich bin nämlich Etymologe, gell.«

»Dann mach's dir bequem, wenn das für dich möglich ist. Mann o Mann, steht da ohne Ohren, kein Haar am glitschigen Körper, nur ein großes Auge, ein einziges Bein, das wie eine Flosse aussieht, ein Froschmaul, breit wie bei einem Hammerhai. Arme wie Schiffstaue und Pranken wie Baggerschaufeln. Sehen so die Erdenbewohner in zehntausend Jahren aus? Das erwartet uns? Tolle Mutation, na Mahlzeit! Gemütlich ist für mich was anderes, zum Beispiel meinen Federbusch einziehen, den Schnabel geschlossen, die Füßchen eingefahren, sich in den Staub wühlen und schlafen … Was hast du gefragt? Ach ja, *S'Arracó*.

Dazu gibt es Folgendes zu sagen: Mancher Sprachforscher meint, dass der Name von *Arco* kommt, vom *Bogen*, und dass am Dorfeingang ein gemauerter Bogen die Straße überspannte. Ich halte das für eine fragwürdige These, denn welches spanische Dorf hätte sich so einen Bogen leisten können?

Schau dich um, wie schön der Ort daliegt: Die Häuser schmiegen sich an der Hauptstraße entlang wie Perlen an einer Schnur. Das Kirchlein wacht wohlgeformt über die fröhlichen Ureinwohner und Zugereisten. So viele Künstler hier im Dorf, die einmal im Jahr eine große, heiter beschwingte Feier der Kunst veranstalten, die Nacht der Kunst, *Nit del Art*.

Das ist ein beliebtes Treffen für Landschaftsmaler und Schöpferinnen noch nie gesehener Katzenporträts.

Dieser schöne Ort ist eine brodelnde Küche kreativer Köche.

Hier legen geistreiche Köpfe der Unterhaltungsindustrie den Grundstein für eine unvergleichliche Atmosphäre des guten Geschmacks.

Exzentrische Schriftsteller bilden den Nährboden für eine allumfassende Intellektualität.

Yogalehrerinnen schreiten mit ihren Jüngern in unerforschte Zwischensphären der Spiritualität.

Immobilienhändler leben ihren Altruismus aus und demonstrieren gelassen ihren geschliffenen Kunstverstand.

Charmante Galeristen bauen sich hier ihr Rückzugsrefugium, wo sie sich, in den blauen Äther blickend, vom harten Tagesgeschäft erholen, nachdem sie Marilyn-Monroe-Porträts und

Mopsfiguren aus Porzellan an russische Ölmagnaten verhökern mussten.

Kurzum, hier ist das wahre Paradies entstanden, hier hat sich die wahre Idylle entwickelt. Und weißt du, was das Wort *Idylle* bedeutet? Nein, du weißt es nicht. Idylle heißt das Land der Glückseligkeit. Und nun besteigen wir den Gipfel der Etymologie: Das Synonym für Idylle ist im altgriechischen …«

»Oh, altgriechisch, ich heiße nämlich Lemma, Gromi hast du mitgehört, Don Abbi spricht altgriechisch …«

»Unterbrich mich nicht«, herrscht der seltsame Vogel mich an, »sonst flieg ich weg und du kannst dir deine Forschung irgendwohin schieben. Das Synonym für Idylle heißt *ARKADIEN*.«

Don Abbi schaut mich scharfäugig an wie mein Professor an der Uni Sagittarius.

»Na? Dämmert was? *Arracò*! Das Wort kommt von dem Wort *Arkadien*. Das bedeutet in der griechischen Mythologie *Das Land der Glückseligkeit*. Einer der ersten Künstler, die hier gelebt haben, war ein gewisser Friedrich Schiller, hier hat er den berühmten Satz gesagt:

›*Auch ich war in Arkadien geboren, …doch Thränen gab der kurze Lenz mir nur*.‹ Traurig schön, was?

Und dann hat er in der Klause von Valldemossa das Stück ›*Die Räuber*‹ geschrieben und …«

»*Faust!*«, rief ich, stolz auf meine Sagittariusbildung

Da mischte sich Gromi ein: »Lemmi, du blamierst unser gesamtes Sonnensystem, ›*Faust*‹, das ist ein Roman von Jules Verne.«

»Herrschaften, ›*Faust*‹ schrieb der Geheimrat Johann Wolfgang von Goethe!«, weist uns Don Abbi zurecht.

Betretenes Schweigen im Universum

»Wo waren wir stehen geblieben? … Ah ja, bei Arkadien und S'Arracó. Nun, meine geschätzten Aliens, alles im Universum hat drei Seiten, eine Gute, eine Schlechte, und eine Komische. Zunächst zur schlechten Seite von S'Arracó: Das Gegenwort zu *Arkadien* ist *Abyssus*, die Hölle, der Ort der Verzweiflung. Und glauben Sie mir, schon manches Mal habe ich hier in die schwindelnden Abgründe der Verzweiflung geblickt.

Verlassene Frauen, die aus Vereinsamung die Marmorböden ihrer kalten Villen mit Strömen von Tränen besprengten.

Menschen, die im Alkoholrausch mit dem Auto in den Abgrund rauschten oder geliebte Hunde des Nachbarn überfuhren.

Bösartige Bauern, die wegen eines halben Meters Land ihren Nachbarn erschossen.

Und listige, lausige alte Männer, die als Folterknechte im Bürgerkrieg den sogenannten Feinden die Fingernägel ausrissen.«

»Aha …«, sagte ich, »verstehe, deswegen heißt es auch *Mal* … lorca. Da könnte die Insel auch *Maldad*, die Bosheit, heißen.«

Und Don Abbi rattert: »Oder *Lallorca*, Eiland der Alkoholiker, und die Hauptstadt heißt dann *Palma de Mawodka* …«

Wir lachen so laut, dass das Weltall schlittert und zittert.

»Seht ihr«, prustet Don Abbi, »es gibt immer eine dritte, eine komische Seite. Und eine romantische Seite gibt es obendrauf. Streiche das P aus Palma und du bekommst ein Alma, also eine Seele. Und ich frage euch, was ist die Seele dieser Insel?«

Ich erinnerte mich an meinen Urgroßvater, der erzählt hatte, dass es dereinst so etwas wie ›Seele‹ auf der Erde gab. Aber so genau habe ich Don Abbi nicht verstanden und so sage ich keck: »Schwarzgeld, das muss die Seele sein.«

»Wie kommst du darauf?«

»Der Ursprung des Wortes Mallorca ist, so viel ich weiß, in dem Namen *Maius* zu finden, das ist der Gott des Wachstums. Und das größte Wachstumspotenzial hier hat sicherlich das Schwarzgeld, oder nicht?«

Don Abbi blickt mich seltsam an, er weiß nicht, ob ich einen Witz mache oder was meine Bemerkung bedeutet.

Dann nickt er professoral mit seinem Indianerschopf und beginnt zu dozieren:

»Maius, das stimmt, der Ursprung des Wortes Mallorca, und nicht umsonst wird der Mai als Wonnemonat bezeichnet und somit haben wir wieder einen engen Zusammenhang zum wonnigen Mallorca. Nichtsdestoweniger, die Seele auf Mallorca ist nicht der Immobilienhandel oder das Schwarzgeld, nicht der Tourismus und nicht der Alkohol. Nein, die Seele ist sehr stark verbunden mit dem überirdischen, unvergleichlichen Licht, das hier auf Mallorca vor allem im Mai scheint. Die wahre Seele dieser Insel hat direkt mit dem Wort Mallorca zu tun, na? Kommt ihr nicht drauf? Was könnte das Wort sein?«

»Malheur?«

»Biene Maya?«

»Fast. Es ist die Mal …Mal …Malerei! Wie viele Maler haben sich auf Mallorca angesiedelt, um dieses Licht einzufangen. Jede Art von Malerei – alles hier zu finden in unvergleichlicher Hülle und Fülle. Und der Gipfel von allem: Francisco Goya! Lies den Namen von hinten! … Na also, haben wir schon wieder eine konzise Assoziation zu Mayorca.

Und hat nicht Goya eine unvergleichliche Hommage an diese Insel hervorgebracht, als er in der Klause von Valldemossa seine Freundin nackt malte, und jetzt kommt's! Achtung, wie hieß die Freundin? Maya!! Goya nannte den Akt seiner Freundin nach der Insel: *Die nackte Maya*! Lemmi und Gromi, nun seid ihr platt, was?«

»Großartig, Don Abbi, hast du noch weitere geheime Sprachverbindungen auf Lager. Wir könnten das gut nutzen für unsere Doktorarbeiten an der Sagittariusuni.«

»Oh, wie ich mich freue, euch diese herrlichen Nahtstellen der Sprache beibringen zu dürfen. Geht und kündet es im All ... Halt! All! All! Schon wieder! MALLorca.!«

Ich klatsche vor Freude in meine Pranken. Das hätte ich nicht tun sollen, denn sofort erhebt sich ein Sturm, der seltsame Wiedehopf wird mit einem dreifachen Salto weggeweht, doch im letzten Moment kann ich ihn einfangen.

»Lemmi, mach das nie wieder, diese Erde hier und ihre Einwohner sind äußerst zerbrechlich«, lässt sich Gromi vernehmen.

Don Abbi japst wie ein Ertrinkender und kreischt: »Du musst das Wort Mallorka nicht so wörtlich nehmen, galaktischer Tölpel!«

»Versteh ich nicht!«

»Du hast einen Orkan entfacht! Orkan! Orka! Mallorka! Hast du's jetzt verstanden?«

»Verzeihung, Don. Soll nie wieder vorkommen!«

»Schon gut!«

Nachdem sich Don Abbi von seinem Schreck erholt hat, doziert er weiter:

»Das Licht hier zeigt sich hell und klar. Und meine Herrschaften, wie bezeichnet man in der Musik einen hellen und klaren Akkord? Dur! Im Spanischen heißt das: Mayor! Auch hier ist die Nähe zum Wort Mallorca nicht zu übersehen.«

Mit immer größerem Staunen höre ich den Ausführungen des Vogels zu und spüre, wie Gromi tief atmet, auch er ist offenbar schwer beeindruckt. Ich freue mich schon darauf, das Ergebnis dieser etymologischen Forschungsreise an unserer Universität vortragen zu dürfen.

Don Abbi flattert auf, dreht eine Runde um meinen Kopf und setzt sich auf einen Ast über meinem Froschmaul.

»Ich musste mir nur die Flügel vertreten, sie waren eingeschlafen und wenn man da nicht auf seinen Kreislauf aufpasst als alter Puput, da ist man schnell kaputt. Wo war ich stehen geblieben? Ah ja, meine Herrschaften, waren Sie schon in der Inselmitte, in der Stadt Inka?«

»Nein!«

»Das Wort Inka ist ein klarer Beweis, dass die südamerikanischen Urvölker allesamt aus Mallorca stammen, denn die Inkas und, Achtung, die Mayas können vom Ursprung der Namen nur von Mayorica kommen.«

»Don Abbi, vielen Dank, Sie sind uns eine große Hilfe, wir sind nämlich auf der Suche nach dem Ursprung des Universums.«

»Da sind Sie hier richtig. Mallorca ist gleich Mayorica, das heißt: die Obere, die Höchste, die Schönste. Will sagen, wo, wenn nicht hier, hat alles angefangen?

Und noch ein großes literaturhistorisches Ereignis darf ich vermelden. William Shakespeare hat hier einen Winter auf der Isla Balear in der Klause von Valldemossa verbracht. Und dabei ist er auf den Titelhelden eines seiner berühmtesten Stücke gekommen. Na funkt's? Nehmen Sie das ›Ba‹ weg von ›Balear‹ und schon sind Sie beim ›Lear‹ … ›König Lear‹! Kapiert?

Zum Abschied bitte ich Sie, Ihren Trick QUERST noch mal zu versuchen, denn dann wird im Universumhimmel ein Zitat erscheinen von diesem Shakespeare, das sehr gut zu Ihrem Besuch passt.

Ich muss abfliegen, meine Frau wartet mit einem frischen Staubbad auf mich und meine Kinder ersehnen ihre Würmer zum Abendessen, grüßen Sie Ihren Professor und das All.«

Gut gelaunt hüpfe ich in Richtung Tramuntanagebirge, da fällt mir ein, dass der *Bima* funktioniert – und schon sitze ich auf der Rampe von unserem Raumschiff. Gromi grinst, ich grinse.

»Mach deinen Trick, Lemmi, und dann lass uns abhauen, wir haben genug Material.«

Er schnipst den Anlasser des Raumschiffs an, es vibriert leicht, wir stellen uns auf einen Felsvorsprung und ich schleudere Staub, Erde und Quellwasser ins Universum.

Fröhlich watscheln wir in den Flieger und sausen guten Mutes zu den Sternen.

Und wir lachen, freuen und wundern uns über diese Wesen, die sich Menschen nennen, während im schwarzen All in weißer Schrift das Zitat von William Shakespeare aufschien:

Das ist die tollste Narrheit dieser Welt: Geht es einmal schlecht mit unserm Glück – schieben wir die Schuld an unsern Desastern auf Sonne, Mond und Sterne; als wenn wir Narren wären nur durch himmlische Einwirkung; und Schelme, Diebe und Verräter durch die Übermacht der Sphären; Trunkenbolde, Lügner und Ehebrecher durch zwingende Abhängigkeit von planetarischem Einfluss; und alles, worin wir schlecht sind, allein durch göttlichen Anstoß. Eine herrliche Ausflucht für den Liederlichen, seine hitzköpfige Natur den Sternen zur Last zu legen!

ROSA UND LEO

»Nur im Roman gibt es noch Wahrheit. Jeden Tag sehe ich deutlicher, dass dies überall sonst eine Anmaßung ist.«
– STENDHAL

Die folgende Geschichte ist die Wahrheit und nichts als die Wahrheit.

Da liebt keiner sich und nicht den anderen. Dennoch festhalten in Unliebe, festhalten an ein wenig Hoffnung.

LEO

Leo Mittenzwei heißt Leo, jedoch ein Löwe ist er nicht.

Mit verkniffenem Gesicht lungert er in der Bar »Central« in Puerto de Andratx herum, bei einem Cognäcchen und einem Kaffee con leche. Viel Mühe und verwinkelte Lügen hat er gebraucht, um sich von seiner Frau wegstehlen zu können. Dann ist er heimlich in den Bus gestiegen, der von der Seniorenresidenz in Santa Ponsa nach Andratx fährt.

Endlich allein.

Er starrt in den überdimensionalen Cognacschwenker und sinniert. »Es muss etwas geschehen. Ich kann nicht hoffen, dass sich das von selbst erledigt, wie die Geschichte vom Walfisch beweist, die ich gleich erzählen werde. Ich halte es nicht mehr aus.

Mord! Erdbeben. Feuer. Typhus. Krebs. Schlangenbiss. Gift. Hammer. Axt. Dolch – irgendwas muss her!

Das war ja recht schön, diese Kreuzfahrt rund ums Mittelmeer. Na ja, so schön dann auch wieder nicht, den ganzen Tag und die ganze Nacht nur Essen. Ständig hat sie irgendwas in sich reingestopft und sie ist nicht unbedingt schlank ... dann ins Theater, was mich überhaupt nicht interessiert.

Dann Konzert, da schlaf ich immer ein.

Aber eines mochte ich ziemlich gern: ehrlich gesagt, so mit einem Bierchen in der Hand an der Reling stehen und den Stern des Südens betrachten, oder is es der Stern des Nordens? Egal, jedenfalls, da kommen einem schon schöne Gedanken; zum Beispiel, dass man an Bord umsonst zum Friseur gehen kann oder dass sie einem umsonst die Klamotten waschen und gebügelt zurückbringen. Apropos, blöd war nur, wie der Stewart das letzte Mal im Zimmer stehen geblieben is, einfach so stehen geblieben, bis sie mich angestoßen hat und gezischt hat: ›Trinkgeld!‹

Ich bin doch nicht bekloppt, ich geb kein Trinkgeld. Die Typen nehmen das wörtlich und versaufen das, und außerdem wäre das Wäschewaschen dann nicht umsonst. Schließlich is er doch abgezogen, ein bisschen bedröppelt, aber das geht mich doch nix an, das geht mir so was von am Arsch vorbei. War sie schon wieder beleidigt, weil ich kein Trinkgeld gegeben habe. Kann man deswegen beleidigt sein? Sie schon.

Ich war an dem Abend ganz gut gelaunt. Denke, jetzt nimmste sie, gehst mit ihr an die Spitze vom Schiff, Stern des Nordens oder so, gucken.

Okay, sie kommt mit, obwohl sie noch beleidigt war.

Das versteh ich nicht, dass 'ne Frau mitgeht, obwohl sie nicht mitgehen will; also lehre mir einer die Weiber kennen, wie man so schön sagt.

Wie wir losgehen, fängt der Pott an zu schaukeln. Naja, denk ich, macht nix, da vorne an der Schiffsspitze is es nicht so schlimm und falls sie über Bord geht … das wär jetzt nicht sooo tragisch. In stürmischer See ist sie bestimmt nicht zu finden, sparste dir die Beerdigungskosten.

Wir klettern also nach vorne, der Wind wird stärker, von Stern des Ostens nix zu sehen.

Endlich stehen wir ganz vorne an der Schiffsspitze, ehrlich, ich hab sogar an den Film ›*Titanic*‹ denken müssen, wo der Schauspieler … also der Cabrio oder wie der heißt, der mit seiner Geliebten da vorne steht.

Rosa hat mich damals ins Kino geschleppt. Na ja, is nicht so meins, war auch sehr lang, und deswegen teuer wegen Überlänge.

Also, da stehen wir dann so da wie auf der Titanic, sie war auf einmal nicht mehr beleidigt, was ich jetzt auch wieder nicht so ganz verstehe. Aber egal, sie schmiegt sich tatsächlich an mich, wie die Tante da in dem Film.

Plötzlich ist bei uns was los, ich sage euch, da kann kein Hollywoodfilm mithalten, der Wind wird zum Sturm, der Bug fährt hoch wie auf der Achterbahn, saust runter wie ein kaputter Aufzug … hoch … runter … und hast du nicht gesehen, meine Rosa fliegt wie ein Torpedo über die Reling und segelt Richtung schäumendes Meer. So, Leute, und jetzt kommt der Hammer. In dem Moment schwimmt ein Walfisch vorbei, der war so … lass mich nicht lügen … so fünfundzwanzig Meter lang, können auch siebenundzwanzig gewesen sein, macht sein Maul auf und verschluckt meine Rosa.

Nein, ich war nicht erschrocken, nein, ich hab nicht geschrien, nein, ich hab nicht geweint, wisst ihr, was ich gemacht hab? Ich hab gebrüllt vor Lachen. Na, das ist doch mal ein andres Ende, schnell, abrupt, kostenlos. Fühlt sich besser an wie das jahrelange Dahinsiechen und Nichtsterbenkönnen, das uns erwartet.

Ich bin dann in die Kabine, erst mal 'ne Runde schlafen.

Wir sind bald wieder in Palma gelandet. Keiner hat was gemerkt, dass Rosa nicht mehr da war.

Ich sofort nach Hause in die Seniorenresidenz, erst mal wegen ihrer Rente nachgeschaut, dann ihre Versicherung abgemeldet, na ja, was man halt so zu tun hat, wenn der eine verstirbt.

Am nächsten Morgen, ich Strandspaziergang bei Paguera, so alleine ist das ja ok, quatscht dir nicht jemand ständig dazwischen, also auf einmal kommt 'ne riesige Welle, taucht ein Walfisch hoch … das wird doch nicht derjenige welcher sein? … Sperrt das Maul auf und wer spaziert fröhlich heraus? Meine Rosa!

Nicht mal der wollte sie behalten.«

*

ROSA

Rosa Mittenzwei, geb. Sanella, heißt zwar Rosa, aber von einer Rose hat sie nur die Stacheln. Mit hartem Blick sitzt sie im Café der Seniorenresidenz und schlürft nachdenklich einen Rotwein. »Schon wieder büxt er aus, und er meint, dass ich das nicht merke. Es muss eine Lösung gefunden werden … Gift! Aber welches? Woher bekomm ich so etwas?« Der polnische Gärtner der Anlage schlurft vorbei und grüßt freundlich.

Rosas Gedanken ziehen in die Vergangenheit. Wie hat sie ihren Leo geliebt! Lange hat es nicht gehalten, doch die Erinnerung an die kurze Zeit des Verliebtseins kauert noch in einem fernen Winkel ihres Herzens.

Sein selbstironisches Lachen, wenn er wieder einmal seine Ungeschicklichkeit unter Beweis gestellt hatte. Zum Beispiel beim Abtrocknen fällt ihm schon wieder ein Teller von meinem wertvollen, geerbten Porzellan aus der Hand …

Das war damals trotzdem irgendwie … ja, schön war es … Damals, als wir die kleine Finca bei Lloret de Vistalegre gekauft hatten. Mitten auf der Insel, das Wasser im kleinen Pool im Sommer eine warme Brühe … trotzdem so eine Art von Liebe, Vertrautheit … Und jetzt? Alles weg.

Er ließ es sich nicht nehmen, selbst auf den einzigen Baum in dem vertrockneten Garten zu klettern und Äste abzuschneiden. Er, der noch nie einen tödlichen Gegenstand in seinen kalkweißen Händen gehalten hat, außer seinem Füllfederhalter Marke Pelikan. Er, der keiner Mücke etwas zuleide tun konnte. Er, der als Oberamtmann im Wasserwirtschaftsamt so gut wie nie seinen Fuß in die Natur gesetzt hat, er, also er, ja dieser Leo, er saß unversehens mit einer laufenden Motorsäge auf dem dicken Ast einer Pinie, mindestens fünf Meter über der unschuldigen Erde.

Und was soll ich sagen? Schon hielt er das mörderische Werkzeug an die Stelle, an welcher der Ast aus dem Baume wuchs. Die Säge kreischte los, mein Schrei stieg hervor aus den untersten Tiefen meines Körpers. Leo saß auf der falschen Seite! Er war dabei, sich selbst abzusägen!

Offen gestanden, heute bedaure ich es, dass ich geschrien habe, es wäre mir viel Leid erspart geblieben, aber noch ist nicht aller Tage Abend, vielleicht bringe ich ihn dazu, noch einmal einen Ast abzusägen, damit endlich aller Tage Abend wird.

*

LEO

Das Kabel war zu kurz. Soll niemand sagen, ich hätte nichts unversucht gelassen. Sie ging ihrer Lieblingsbeschäftigung nach, Stunden im Badezimmer verbringen. Was macht sie dort so lange? Sie kam nie schöner heraus.

Ich also hinein, wollte wieder mal meckern, dass so ein Vollbad viel Wasser, Strom und überhaupt zu teuer. Die ganze Wanne voller Schaum, kostet das vielleicht nix? Andrerseits, Gott sei Dank musste ich sie wegen dem Schaum nicht im Detail betrachten.

Da liegt doch der Föhn auf dem Tischchen! Eingesteckt in die Steckdose!

Sie: »Gib mir mal einen Waschlappen!« Das »Bitte« haben wir schon längst gestrichen. Ich fummle also im Schränkchen mit den Waschlappen, stelle mich blöde an, wanke, stolpere und werfe dabei den Föhn in die Badewanne.

Aber nein! Kabel zu kurz.

Sie keift sofort, wie ich mich anstelle, sie habe mich nur um den Lappen gebeten.

Ich: »Nix gebeten, ein Befehl war das.«

Sie: »Ist der Föhn kaputt?«

Na gut, sie hat nix gemerkt. Das war mein erster Mordversuch, muss ja nicht beim ersten Mal klappen. Ich raus auf die Terrasse, im Kopf rumort es. Wie schaff ich es, ein Verlängerungskabel an den Föhn zu pempern? Ich ins Gartenhaus, Verlängerungskabel holen. Dann vorsichtig die Badezimmertür auf, schauen, was sie macht. Super, sie hat die Augen zu, hört wieder mal ihre bekloppte Musik. Palestrina, Orlando di Lasso und so 'nen Scheiß, leider über Bluetooth oder wie das Zeug heißt, jedenfalls ohne Kabel, nix zum in die Wanne Werfen.

Ich schleiche vorsichtig rein, Föhnkabel verlängert, und hinein damit in die Wanne.

Aus! Alles aus! Licht aus in der ganzen Wohnung, Kühlschrank brummt nicht mehr, Telefon fiept, Klospülung gurgelt.

Kurzschluss!

Und meine Rosa? Tot?

Nein! Lebt sehr laut, schreit mit ihrer Drachenstimme.

»Spinnst du? Willst du mich umbringen?«

»Ja!«, hätte ich beinah geantwortet. Zum Glück war sie so beleidigt, dass sie den ganzen Abend kein Wort mit mir sprach. Habe »Um Himmels Willen« geguckt, endlich mal ohne ihre Kommentare.

*

ROSA

Rosas Handy auf dem Cafétisch klingelt.

»Ich bin's.«

»Das musst du nicht jedes Mal sagen, das steht auf dem Display, falls du weißt, was das ist.«

Tiefer Seufzer am anderen Ende.

»Ich will nur fragen, ob ich Klopapier mitbringen soll.«

»Leo, wir brauchen kein Klopapier, du bringst jeden zweiten Tag Klopapier nach Hause.«

»Ich dacht ja nur, falls wir keines haben. Also haben wir genug?«

»Jaaaaa! Bist du betrunken?«

»Nein.«

Sie drückt auf »AUS«. Dann auf »EIN« und spricht in den Digitalplayer ihr »Tagebuch des Grauens«:

»Als er kürzlich stockbesoffen war, hat er an der Plaza Espanya ein Fahrrad, das nicht abgeschlossen war, einfach genommen und wollte zu uns nach Santa Ponsa fahren. Der Besitzer von dem Rad hat es rechtzeitig bemerkt, ist hinter ihm her gerannt, hat ihn vom Sattel geworfen und wollte ihn verprügeln. Leider war ein Polizist in der Nähe und hat das gütlich geregelt. Er hatte Schürfwunden, also mein Gatte, nicht der Polizist. Sie haben sich entzündet, ehrlich gesagt, auch weil ich nicht den saubersten Verband benutzt habe. Er hatte ein bisschen Fieber, aber es wollte sich keine letale Blutvergiftung einstellen. Zu meinem Leidwesen war er bald wieder gesund.«

*

LEO

Is jetz fümpf Jahre her, wir waren gerade in die Seniorenresidenz eingezogen und haben gemerkt, dass das Leben ohne Auto schwierig wird. Ich pichel nu mal gerne und habe gemeint, sie soll endlich den Führerschein machen mit ihren siebzig Jahren, damit nicht immer ich fahren muss und auch mal ein Pikolöchen oder zwei trinken kann. Sie hat es tatsächlich geschafft, in Spanien, hab sie bewundert, nein, echt bewundert, na ja, nur kurz, aber immerhin. Wir also einen kleinen BMW gekauft. Ich sag zu ihr, sie muss Benzin sparen und das geht am besten, wenn man oft den Motor ausschaltet. Was soll ich sagen? Sie fährt, weil's ja so schön kurvig ist, nach Formentor, ich bin zu Hause geblieben, wollte Fußball gucken. Plötzlich Telefon, Polizei. Auf Spanisch, ich versteh kein Wort, sprech ja kein Spanisch, außer ›uno momento‹.

Na ja, nach 'ner Weile stellt sich raus, dass sie 'nen Unfall hatte. Nach langem Hin und Her hab ich kapiert, dass ihr nix passiert is. Meinen deutschen Fluch hat der Polizist nicht verstanden. Jetzt wollt ihr wissen, wie es dazu gekommen is, also das war so: Sie fährt wie ›ne Bekloppte auf den Serpentinen, denkt auf einmal daran, dass sie Benzin sparen soll, denkt, bergab rollt der Wagen sowieso, braucht er kein Benzin, also stellt sie den Motor ab! Da hakt das Lenkradschloss ein und sie brettert über die Leitplanke in den Abgrund. Auto macht einen Salto, dadurch öffnet sich die Tür, Rosa wird rauskatapultiert und fliegt direkt in die … nööö! Nicht ins Maul von einem Walfisch … nein, sie fliegt direkt in die Arme von einem Drachenflieger. Das Auto war im Arsch, Rosa gerettet, leider. Der Drachenflieger, Herwig Asenkerschbaumer heißt er, hockt seitdem jeden dritten Tag als

Held bei mir auf der Terrasse und säuft meinen teuren Rotwein und ich muss ständig lügen, wie dankbar ich ihm bin, dem Lebensretter.

Das Leben ist ungerecht und mir ist klar geworden, dass das Wort Drachenflieger eine ganz andere Bedeutung bekommen kann.

*

ROSA

Ich lese gern, er nicht. Manchmal liest er die Apothekenrundschau, aber sonst nichts. Da hab ich doch einen Roman aus den Sechzigerjahren in der Hand, in dem es um Drogen geht und um LSD. Und dass im LSD-Rausch Menschen aus dem Fenster springen, weil sie denken, sie könnten fliegen. Das ist die Lösung, denk ich. Nur, woher bekomme ich so eine Droge? Ich habe keinerlei Erfahrung damit, na gut, mit Alkohol kenn ich mich aus wegen seiner Sauferei, aber andere Drogen?

In der Mallorca-Zeitung lese ich, dass in Palma so ein Drogenumschlagplatz von der Polizei ausgehoben wurde … Ich gehe in das beschriebene Viertel, setze mich in ein Café und schaue bedeutend in die Welt. Kommt ein älterer Herr und fragt: »Wie viel?«

Ich: »Na ja, weiß nicht, zehn?«

Er: »Du bist aber billig, hast du ein Holzbein?«

Ich verstehe überhaupt nicht.

Er: »Wo gehen wir hin, zehn, mit oder ohne?«

Mir dämmert etwas und ich sage: »No, no, ich LSD.«

Das muss er falsch verstanden haben, wird bleich und rennt schreiend davon. Dumme Situation.

Ich will gehen, da hechelt der Wirt hinter der Bar hervor, er hat das mitbekommen und schleicht um mich herum, flüstert: »Crack, Snuff, LSD.« Ich war platt, als er für fünf Tabletten fünfhundert Euro haben will, aber für meinen Leo ist mir nichts zu teuer. Dann fragt er noch: »Weißt du, wie das geht? Unter die Zunge legen, langsam einwirken lassen. Viel Spaß, komm bald wieder.«

Als ich zu Hause bin, sitzt mein Gatte mit einer Decke eingehüllt vor dem Fernseher. Blass, Ringe unter den Augen.

»Ich habe Grippe, ich war bei unserem Arzt, ich brauch Tabletten.«

Geistesgegenwärtig sage ich: »Weiß ich, ich habe ihn im Hof getroffen. Ich hab dir Tabletten mitgebracht. Hier unter die Zunge legen, langsam einwirken lassen. Am besten nimmst du zwei.«

Mit jämmerlicher Geste greift er zitternd nach den Tabletten und steckt sie unter die Zunge.

»Aber hier ist es zu warm, man erstickt ja, ich mach mal das Fenster auf«, sage ich mit sorgenumwölkter Stimme.

»Nein, ich bin krank«, wimmert er.

»Nur kurz, zum Lüften.«

Ich reiße das Fenster auf, damit er ungehindert rausfliegen kann. Unten, in zehn Metern Tiefe, schlagen die Meereswellen mit lautem Getöse an die Felsen.

Deswegen wollten wir unbedingt dieses Appartement haben, wegen dem himmlischen Ausblick und direkt über dem Wasser. Ich beuge mich hinaus, jetzt muss er nur noch im LSD-Rausch springen.

Da ertönt hinter mir ein entsetzlicher Heulton. Ein Wolf!

Ich dreh mich um, mein Leo steht im Zimmer und bellt und heult. Augen aufgerissen, riesige Pupillen.

Er stellt den CD-Spieler an, dreht auf volle Lautstärke, singt: *»In the jungle, the mighty jungle, the lion sleeps tonight …«*

Er fängt an, sich in konvulsivischen Zuckungen durch das Zimmer zu bewegen. Wie ein Limbo-Tänzer springt er auf den Tisch, reißt sich das Hemd auf, dass die Knöpfe wegfliegen, macht einen Salto rückwärts, bei der Landung bricht der Tisch zusammen.

Er hechtet zum CD-Spieler, fetzt die CDs aus dem Regal, und legt Aznavour auf, sein Lieblingslied: *»Du bist so komisch anzusehen, denkst du vielleicht das find ich schön.«*

Er fischt sich einen Schal aus dem Schrank und spielt damit wie Aznavour auf der Bühne, und Leo, der absolut noch nie ein fremdsprachiges Wort gesprochen hat, geschweige denn, dass er singen konnte, mein Leo singt plötzlich auf Französisch:

»Tu t‹ laisse allée.«

Fast, aber nur fast hätte ich mich wieder in ihn verliebt.

Dann wieder Deutsch:

»Du lässt disch gehen, du lässt disch gehen.«

Was macht er jetzt? Wie ein Stripper entledigt er sich der Hose, der Feinripp-Unterhose, der Socken, und steht nackt auf dem Sofa.

»Sag mir doch, dass du mich noch liebst, wenn du dir etwas Mühe gibst …«

Er steht im Handstand auf der Sofalehne.

»Mit einem kleinen Lächeln nur und tu auch was für die Figur.« Jetzt verlagert er das Gewicht und steht nur mit der rechten Hand auf der Lehne.

»Dann hätt ich wieder neuen Mut und alles würde wieder gut.« Auf einmal bemerkt er das offene Fenster. »Jetzt!«, denke ich aufgeregt. Er deutet hinaus wie Cäsar, als er den Rubikon überschritt. Leo heult wieder wie ein Wolf, plustert sich auf wie ein Gänserich, der zum Fliegen abhebt.

»Na wird's bald?«, denk ich. Und tatsächlich, mit einem intensiven Anlauf rennt er auf das Fenster zu, springt ab und saust hinaus wie ein Raketenmann. Er durchbricht mit lautem Knall die Schallmauer und verschwindet hinter dem Horizont, einen weißen Kondensstreifen hinterlassend.

Sprachlos bin ich, wie gelähmt. Weiß noch gar nicht, ob ich mich freuen soll, doch da zischt und brodelt es draußen vor dem Fenster. Mit angelegten Armen und geschlossenen Augen rast mein Gatte ins Zimmer zurück. Und landet mit einem Doppelsalto auf dem Boden.

Wo hat er denn die Gitarre her? Und die Kastagnetten? Er grinst diabolisch, dann zerrt er unter dem Sofa ein Kostüm hervor, zieht es in Blitzeseile an und verwandelt sich in einen Flamencotänzer.

»Las doce acaban de dar en el reloj de la audiencia pendiente de mi sentencia,

Dios mío, que pasará. Y porque he nacío gitano no crean que soy malo[1], …«

Er drückt mir die Kastagnetten in die Hände.

Ich lasse sie unter meinen Fingern schnarren, bewege mich wie Conchita del Mar. Wir tanzen um uns herum, ein Balztanz.

---

1 Es hat zwölf geschlagen auf der Uhr des Gerichts, es kommt auf mein Urteil an. Herr Gott, wie geht's weiter. Warum bin ich als Zigeuner geboren. Glauben Sie nicht, ich wäre schlecht.

Er greift männlich meinen Kopf, zieht mich an sich, küsst mich, das erste Mal seit vierzig Jahren, reißt mir die Kleider vom Leib, sich auch, Wolfsgeheul, setzt mich auf die Gitarre wie auf einen fliegenden Teppich, dann nimmt er mächtigen Anlauf.

Wir fliegen aus dem Fenster wie Challenger I und II.

Hinterm Horizont lieben wir uns.

Olé!

*

IPPOLIT VALKONSKI ERZÄHLT UND ERZÄHLT

Es war einmal eine Nachtigall. Ihr volltönender und glockenheller Gesang brachte den balearischen Bartgeier zum Greinen, und der Wiedehopf kam aus dem Schluchzen nicht mehr heraus. Sie sang so schön, dass sich alle räudigen **KAT**zen von Mallorca auf ihre Bäuche warfen und vor Rührung weinten.

Nur ich, der coolste, schwärzeste **KAT**er der Insel, ich ließ mich nicht von diesem kitschigen Schnuller-Geträller einlullen.

Ich wusste es von meinem Vater – der **KAT**zen**GOT**t hab' ihn selig –, dass singende Nachtigallen das leckerste und lockerste Fleisch besitzen. Also pirschte ich mich, immer gegen den Wind, das habe ich von meinem Vorfahren, dem Säbelzahntiger … Ich pirschte mich also ungehört, ungesehen und ungerochen an die Yacaranda an, auf welcher dieser dumme Vogel sein Nachtlied in den nachtblauen Äther schmetterte. Ein Sprung, ein Biss, und hast du nicht gesehen, Schluss war's mit der Nachtigallenlallenseligkeit. Das Tierchen mundete gar zu köstlich. Am vorzüglichsten schmeckte das winzige, noch warme Nachtigallenherz.

Ihr merkt sicher, ihr habt es nicht mit einem gewöhnlichen **KAT**er zu tun! Und nun wird's Zeit, dass ich mich vorstelle:

Mein Name ist IPPOLIT VALKONSKI.

Was das für ein komischer Name ist? Freunde, wo bleibt eure Bildung? Das ist DostoTolstoi! Das ist Russland pur! Das ist die Verschmelzung von Tolstois »Krieg und Frieden« und Dostojewskis »Der Idiot«!

Den Namen habe ich nicht von Menschen bekommen, denen fällt gar nichts ein außer Schnurrli oder Mizi. Das ist unser Familienname seit meine Urururururusw.-Großmutter Hauskatze am russischen Zarenhof war. Der Tolstoi, der dort ein- und ausging, mochte sie besonders gern und hat ihr immer ein Körbchen mit Pirogen mitgebracht, wenn er seine Geliebte Anna Karenina besucht hat.

Und ihr Bruder, der war ein getigerter Kater, der hat Dostojewski inspiriert zu einem Roman »Tiger im Dezember«. Da geht es um die Verstrickung der sibirischen Tiger in den De**KA**bris**T**enaufstand. Leider ging dieses Manuskript verschollen in den Wirren der Oktoberrevolution.

Dann hat der Dostojewski das dicke Buch »Der Idiot« geschrieben und meine Urururusw.-Großmutter, die Tochter von der Urururururusw.-Großmutter, lag dabei immer auf seinem Schoß und eine Hauptfigur heißt, wie ihr ja alle wisst ... na? Ippolit! ... Jetzt wisst ihr Bescheid über meinen Namen.

Und Valkonski? Na, das muss ich jetzt nicht erklären, das weiß jedes Kind, Valkonski ist der ... ja, der in »Krieg und Frieden« vom Tolstoi, alles klar?

Ich muss oft lachen, was ihr Menschen alles nicht kennt!

Und was ich alles weiß!!!

Glaubt bloß nicht, dass ich, wenn ich tief schlafend vor dem Kamin liege, dass ich nicht mitbekomme, was gesprochen wird. Glaubt bloß nicht, dass ich die menschliche Sprache nicht verstehe. Und nicht nur das! Ich verstehe alle Sprachen!

Noch etwas verrate ich euch, weil's grad so schön ist, ein bisschen zu plaudern. Wenn ihr Menschen glaubt, ihr seid so fix mit euren sagenhaft neuen Kommuni**KAT**ionssystemen, Social Media und so – toll! Wir **KAT**zen haben schon seit Tausenden

Jahren ein virtuelles Satellitensystem installiert, mit dem wir mit allen **KAT**zen, und wenn ich sage alle, dann mein ich alle … mit allen **KAT**zen sind wir in Kontakt. Permanent. Drum sing ich jetzt das Lied von der internationalen, universalen, globalen, weltumspannenden, multilateralen, **KAT**zenfamilie.

1) Wir sind so international
Wir sind auch multilateral
Wir sind die Katzen dieser Welt
Wir sind global und nicht banal
Ja ja ja ja wir sind universal

2) Nicht nur im herrlichen Mallorca
*Gibt es **KAT**zen massenweise*
*Viele **KAT**er sind New Yorker*
Kommt nun mit auf unsre Reise

*3) Wilde **KAT**zen, Perser, Tiger*
Panther, Siam und der Luchs
Ozelot im schwarzen Niger
Und unser Löwe ist kein Jux

4) Kommst du nach Sibirien
Frisst dich so ein Tier
Willst du nicht erfrieren
Bleibe lieber hier

5) Von Alcudia bis Sumatra
Von Andratx bis Alma Ata
Und hinauf zur hohen Tatra
***KAT**zen **KAT**zen und die **KAT**er*

6) Inca Soller und Savannah
Wunderschöne Viecher
seine freunde sie ruf laut Hosianna
Und schreib Katzen Bücher
Ja ja ja ja wir sind universal

Das lassen wir jetzt mal so stehen.

Ihr werdet euch wundern, wo überall das Wort **KAT**ze oder **KAT**er drinsteckt!!

Das ist mein Anliegen, Freunde, meine Botschaft: Wir **KAT**zen sind in so vielen Worten versteckt, das glaubt ihr nicht!

Zum Beispiel: Wisst ihr, dass das Kaufhaus hier in Spanien mit dem Namen *»EL CORTE INGLES«* von den **KAT**zen abstammt?

Corte, das heißt *»der Schnitt«*. Und *»Corte Ingles«* ist der *»englische Schnitt«* Soooo … und jetzt übersetzt mal *»Corte«* ins Englische … bravo!

CUT! = **KAT …** na bitte, da haben wir's!

Und schon habe ich euch ein kleines Beispiel dafür gegeben, in welchen Worten wir Katzen und Kater uns überall tummeln.

Da fällt mir ein, weil wir gerade im Spanischen sind: Wir **KAT**zen hätten eine ganz andere Geschichte in Spanien, wenn dieser … ich bring den Namen nicht über die Lippen … nicht gewesen wäre. Ja, der mit der Armada, ja, der mit dem Escorial … ich bring den Namen nicht über die Lippen, … wir Katzen waren beliebt und angesehen im damaligen Spanien, bis dieser Verrückte auf den Thron kam. Ja, Philipp II.! … Nie wieder erwähne ich diesen Namen!

Sein Lieblingsspielzeug war das sogenannte **KAT**zenklavier.

Da hat er in ein Holzgestell ein paar meiner Kollegen gehängt. In dieses Gestell war eine Klaviertastatur eingebaut, an deren Enden spitze Nägel herausstanden. Damit hat er auf die **KAT**zen eingeschlagen und deren furchtbares Geschrei war die Musik, die er geliebt hat.

Ihr könnt euch vorstellen, dass sich das schnell herumgesprochen hat und wir suchten schleunigst das Weite; und als wir das Weite gefunden hatten, suchten wir das Nahe, das heißt wir mussten irgendwo unterkommen.

Wohin?

Wer war denn am russischen Hof als Zar zugange? Ein gewisser Boris **GOD**unow? Wir alle unsere Ränzel gepackt und ab nach Russland, denn wenn so einer das im Namen hat, dann muss er ein **KAT**zenfreund sein. Was soll ich sagen? Er war einer!

Das Leben wurde ein Fest, denn man empfing uns mit offenen Armen. Nur die Ratten und Mäuse von Moskau und St. Petersburg fanden das nicht lustig, aber davon gleich mehr.

GODunow hat daraufhin seinen Hofkomponisten Mussorgski eingespannt und der hat die Operette »Schwarzer Kater Stanislaus« geschrieben.

Aber ich will erst mal bei den reinen Fakten … Fakten … dreh mal die Buchstaben um … siehste, auch da steckt das Wort **KAT** drin.

Jedenfalls waren wir alle anwesend, als Boris zur Krönung in die **KAT**hedrale schritt. Und als er gestorben war, da ging's erst richtig los, da kam der Peter auf den Thron.

Der hätte ohne uns sein Petersburg nie und nimmer aufbauen können, denn wir haben ihm die Ratten und Mäuse aus den Sümpfen verjagt. Leider mit immensen Verlusten unsererseits, aber wie ihr wisst, wir sind Überlebenskünstler. Und dann haben die überlegt, also der Peter und seine Freunde, der Stroganoff und Wassili und der Dmitri, also seine Minister ... die wollten uns als Dank etwas schenken und da haben sie uns eine Stadt geschenkt. Das war nicht **KAT**hmandu, wie Schlauberger unter euch meinen könnten. Nein, das war eine süße kleine Stadt in Sibirien.

Wenn du die Lena hochfährst – den Fluss meine ich – am besten mit einem **KAT**amaran, dann kommst du an Munduruschtschu vorbei und kurz dahinter fällt dir am rechten Flussufer diese kleine schöne Stadt ins Auge ... Ich hoffe, du kommst bei Sonnenaufgang an ... das ist ein Bild, das du nie vergessen wirst: Zwiebeltürme, die aussehen wie steife **KAT**erschwänze. Im verglimmenden Nachtdämmer leuchtende Lichtstreifen auf dem Wasser, sie strahlen wie blinkende **KAT**zenaugen und führen deinen Blick zu den Spitzen der Birken, die im sanften Morgenlicht blitzen wie geschärfte **KAT**zenkrallen.

Wir landen nun in der Stadt **KAT**SCHI**KAT**ZI.

Mein Ururgroßvater Borodino hat immer feuchte **KAT**zenaugen bekommen, wenn er von dieser Zeit erzählte, von sibirischen Sommernächten, wenn sich seine **GAT**tin, die **KAT**ze **CAT**ilina, an ihn schmiegte und sie mit einer Toc**CAT**a den Mond anmaunzten und die Musik in einem gemeinsamen Pizzi**CAT**o endete. Die Be**GAT**tung, die darauf folgte, brachte die **GAT**tung der berühmten und außergewöhnlich schönen **KAT**schi**KAT**ze hervor.

*

Ich habe euch doch erzählt, dass meine Urururursw.-Großmutter den Tolstoi kannte? Das hatte sich so zugetragen: Der Großvater vom Tolstoi, der Mstislaw, war der Besitzer einer Banja in **KAT**schi**KAT**zi.

Über so einer Sauna ist der Fußboden wunderbar warm, vor allem in den sibirischen Wintern. Da hat meine Urururururusw.-Großmutter gern auf dem Boden gelegen, weil's da so warm und so kuschelig war. Und die Tolstois, der Mstislaw und seine Frau **AGAT**ha, die Großeltern von dem berühmten Tolstoi, die waren einfache Saunameister, aber sie waren auch sehr gebildete Leute.

Sie veranstalteten literarische Abende in ihrem großen Ruheraum. Da hat dann der Dostojewski und der Lermontow und der Gogol und wie sie alle hießen, die haben ihre neuesten Stücke und Romane vorgelesen. Ich kann mich gut erinnern, wie meine Ur-Großmutter erzählt hat, dass ihre Ururur-Großmutter immer den Dings … den Dings … den Daniil Charms, ja, der kam auch gern. Der hat das große Poem auf die Dichter geschrieben, das der polnische Komponist Abraham **KAZ**mayr aus **KAT**owice vertont hat. Und das Lied ging so:

POEM AUF DIE DICHTER

Wenn's Fenster nicht dichtet, hilft der Glaser
Wenn's finster wird, spricht der Dichter
Aber wer wird Dichter? Außer dem Wald und dem Gestrüpp
Dicke Dichter reimen im Dickicht
Dünne Dichter sind meist nicht dicht
Trunkenen wird der Blick dicht
Doch der Docht ihrer Kerze brennt bis zum Schluss
Lacht da wer?
Ist jemand undicht?
Wir Dichter werden undichter, peu à peu
Das Haar wird lichter
Gedichte rieseln scheibchenweise

Sucht wasserdichte Poeten in Kontinenten
Das Licht geht aus
Das Dichtergelichter geht nach Haus
Drum Freunde merkt euch meinen Merksatz
Blast nicht Trübsal, wenn ihr Labsal sucht

*

Eines Tages hatte meine Urururururusw.-Großmutter einen neuen Wurf geboren und in ihr Nest über der Sauna gelegt, da war dieser Shakespeare auch anwesend.

Der Wodka floss in Strömen, Shakespeare total hinüber. Er hat ein kleines Kätzchen in der Hand gehabt, und weil er so blau war, hat er gesagt, dass er ein neues Stück geschrieben hat und das soll heißen »Kurzer Sommer an der Lena« und ob meine Urururusw- Großmutter, also dieses Kätzchen, nicht mitspielen wolle.

Das müsst ihr euch vorstellen, der Shakespeare verwechselt im Suff meine Urururusw.-Großmutter mit einer menschlichen Schauspielerin. Dann kam der Abend noch mehr in Fahrt: Der Puschkin war nämlich auch da und hat gesagt, dass er ebenfalls gerade ein Stück schreibt, das genauso heißt, und dass es eine Sauerei sei, wenn der Shakespeare von ihm abkupfert.

Der Shakespeare war ein totaler Opportunist, gell, er hat den Schwanz eingezogen, weil der Puschkin und … ach ja, der Rimski-Korsakoff war auch da … und die zwei haben sich auf den Shakespeare gestürzt und wollten den verprügeln und der hat geschrien, dass er sein Stück umbenennt und es soll »Der Sommernachtstraum« heißen.

Und der Felix Mendelsohn-Bartholdy, der war auch da und der schrie gleich: »Und ich schreib die Musik dazu!« Da sind sie sich alle um den Hals gefallen und der Rimski-Korsakoff hat geweint und eine Melodie gesummt: »Di dadadida« und der Pasternak … hab ich schon gesagt, dass der auch da war? … hat gesagt, dass er auch ein Stück geschrieben hat und es soll heißen: »Dr. Schiwago«.

Liebe Leute, das war eine verdammt lustige Zeit damals in Sibirien.

Dann kam die einmalige Geschichte mit Napoleon.

*

Kennt ihr den wahren Grund, warum der Napoleon in Waterloo so eine Niederlage erlitt? Nein, den kennt ihr nicht, denn die wahren Informationen waren bisher in den Geheimarchiven des russischen Geheimdienstes **KaDe**WE versteckt. Diesen Geheimdienst hat **KAT**harina die Große aufgebaut und die musste ja schon von ihrem Namen her eine große **KAT**zenfreundin sein. Sie wusste auch, dass wir **KAT**zen hochintelligente Viecher sind, Viecher, die so viel wissen, die so viel können – na ja … Entschuldigung, aber was steckt denn in dem Wort **GOT**t??

Nein, nein, das ist keine Blasphemie, um Gottes willen. Die Ägypter haben uns schon als Götter verehrt. Hätte denn sonst der ägyptische Schauspieler Omar Sharif den Dr. Schiwago gespielt? Na also. Alles hängt zusammen und alles hat seinen Sinn … glaubt ihr, das hätte keinen tieferen Sinn, dass die Stromschnellen und Wasserfälle im Nil **KAT**arakte heißen???? … Und zog nicht Napoleon durch Ägypten, bevor ihn sein Waterloo ereilte … genau das war's, davon wollte ich erzählen:

Also unsere Zarin, die **KAT**i, die musste sich gegen den Bonaparte wehren und da hat sie durch ihren Geheimdienst erfahren, dass der eine **KAT**zenallergie hat.

Was hat sie sich gefreut die **KAT**i. Und was hat sie gemacht? Die hat sich meinen Urururururusw.-Großvater Iwan, seinen Freund Andrej und seine **GAT**tin Elisaweta geschnappt, hat die drei auf einen **KAT**amaran gesetzt und hat sie über **KAT**alonien nach Waterloo geschickt.

Die Abenddämmerung senkte sich ahnungsvoll über das belgische Land, als die drei tierischen Geheimagenten, von der leichten Dünung bei Dünkirchen an Land getragen, den Schauplatz ihres Auftrages erreichten. Sie wollten die Dunkelheit abwarten, um sich dann in das schwach beleuchtete Zelt des größten Feldherrn, Napoleon Bonaparte, schleichen zu können. Die Aufgabe erschien unmöglich, denn in drei Doppelreihen umstanden die Leib- und Magenwachen das Zelt ihres Führers. Sie waren ausgerüstet mit grässlichen Würgeeisen, **GA**rro**T**ten genannt, zur sofortigen Strangulierung aller von fremden Geheimdiensten ausgesandten Katzen und Kater.

Alles konnte Napoleon brauchen, nur keinen verdammten Katzenallergieanfall.

Er war nicht dumm und noch dazu hatte ihn sein Geheimdienstchef, Graf Joseph de Beauharnais, schon damals auf Elba ... oder war's Korsika? ... egal, jedenfalls hatte er ihn immer wieder vor einem Katzenanschlag gewarnt.

Iwan, Andrej und Elisaweta konnten vom Hügel aus das katzenfreie Lager der Franzosen gut beobachten. Sie atmeten flach, wie sie es in den Hinterhöfen von Moskau gelernt hatten. Sie kannten keine Furcht, denn sie wussten, dass sie in dunkler Nacht, wenn sich der Mond hinter Wolken versteckte, unschlagbar waren. Keine Mus**KET**e, keine **KAT**apultierte Kanonenkugel, keine **KET**tensäge würde sie davon abhalten, ihre Treue zu ihrer Herrin **KAT**harina unter Beweis zu stellen.

Der Wind strich seidig über das flämische Steppengras, nirgends ein Büffel zu sehen, der Adler hatte sich zu seinem Horst zurückgezogen, ein Käuzchen ließ einen klagenden Ruf ertönen, in der Ferne keckerte eine Elster, eine Klapperschlange klapperte, oder war es die Kanonenrohrkette an einem klappernden Kanonenrohrgestell? Egal, auch eine Nachtigall ließ ihr glockenhelles Lied erklingen, sodass meinem Urururururusw.-Großvater das Wasser im Maul zusammenlief und er beinahe seinen Auftrag vergaß.

Die Welt stand still vor der großen Schlacht und das Universum blickte auf unsere drei Helden herab. Der Mantel der Geschichte wehte um ihre Schwanzspitzen, die vor Erregung zitterten wie das eben erwähnte flämische Steppengras. Auf leisesten Katzenpfoten schoben sie sich vorwärts, so wie ihr Urahn, der Säbelzahntiger, auf der Jagd nach dem Archaeopteryx. Wie schattenlose Geister näherten sie sich Millimeter um Millimeter dem Zelt des Kaisers von Frankreich. Die Augen der würgeeisentragenden Wachen funkelten im Dunklen, ahnten sie etwas?

Werden unsere Helden es schaffen, das Rad der Geschichte in eine andere Richtung zu drehen?

Da rissen die Wolken auf und der Mond leuchtete am Himmel wie eine Laterne. Ihre Mission drohte zu scheitern.

Eine Wache merkte auf. Unsere drei Helden konnten sich im letzten Moment hinter einem am Boden liegenden Kürassierhelm verstecken, oder war es ein Husarenhelm, egal, sie wagten nicht zu atmen. Der Soldat hinkte in Richtung des Helmes. Warum er hinkte? Weil ihm sein rechtes Bein vom langen Stehen eingeschlafen war, außerdem war er ein starker Raucher, ich nehme an Gauloises Papier Mais, da funktioniert die Durchblutung nicht gut. Jedenfalls näherte er sich – nennen wir ihn »Murat« –, er näherte sich argwöhnisch dem Helm, hinter dem sich unsere drei Mus**KET**iere verbargen … noch zwei Meter, noch einen Meter, da setzte plötzlich ein Sternschnuppenregen ein, wie ihn noch kein Franzose je gesehen hatte. Alle blickten verzückt zum Nachthimmel. Nur unsere Helden nicht. Denn Sternschnuppen sind für sie nichts Außergewöhnliches. Sternschnuppen sind nämlich seit hunderttausend Jahren **KAT**zenra**KET**en. Das heißt, wenn ihre Vorfahren im Katzenhimmel merken, dass eine Katze auf Erden Hilfe braucht, dann setzen sie sich auf abgebrochene Sterne und zwitschern, sausen und surfen damit über den Himmel, dass es eine Freude ist, und alle Menschen vergessen, was sie gerade tun wollten und blicken zum Himmel.

Wie alle Wachen nach oben glotzen, da ergreifen die drei blitzschnell die Gelegenheit und sausen wie geölte Schlangen ins Zelt vom Napoleon. Und was finden sie da vor?

GRÜBELEI ÜBER BONAPARTE

Was macht ein Feldherr in der Nacht vor der Schlacht?
Beten?
Nein Napoleon nicht
Die Strategie überarbeiten?
Die Waffen putzen?
Nein Napoleon nicht
Machiavelli lesen?
Trommelwirbel für den Angriff üben?

Nein Napoleon nicht
Trompetensignale für den Rückzug üben?
Das Bajonett ölen?
Napoleon doch nicht, wo kämen wir da hin?
Apöcalüps Now anschauen?
Nein Napoleon nicht
Calüpso tanzen?
Vielleicht
Oder was ganz anderes

Iwan, Andrej und Elisaweta trauten ihren Augen nicht. Napoleon war mit dem Trikot eines Zirkusartisten bekleidet. Von einem Ende seines Zeltes zum anderen spannte sich ein Seil. Er schickte sich gerade an, mit einem Einrad auf dem Seil zu fahren. In seinen Händen hielt er einen Cognacschwenker, eine Camembertdose und einen kleinen Eiffelturm.

Er begann damit zu jonglieren.

Diese Show war überwältigend. Unsere Freunde waren so hingerissen, dass sie vergaßen, wo sie waren. Sie traten fasziniert aus ihrem Versteck heraus und applaudierten begeistert. Als Bonaparte sie entdeckte, stieß er einen Schrei aus, die Jonglage fiel in sich zusammen und der Kaiser von Frankreich purzelte kopfüber vom Seil. Nun erinnerten sich unsere drei an ihren Auftrag und stürzten sich auf ihn. Sofort schwoll Napoleon an wie ein Luftballon, er bekam augenblicklich hohes Fieber, fing an zu niesen, die Tränen liefen ihm über die Backen, bewegen konnte er sich auch nicht, denn er hatte sich das Steißbein geprellt.

Wo blieben die Wachen? Sie hatten unter Androhung der Guillotinierung verboten bekommen, das Zelt zu betreten. So erstickte Napoleon beinahe an einer Katzenallergie.

Unbarmherzig betrachteten die drei Attentäter den Weltenherrscher, wie er röchelte, wie er schrie und um sich schlug. Verzweifelt versuchte er, sich einen Cognac einzuschenken, rutschte auf dem ausgelaufenen Camembert aus, fiel rückwärts auf den Eiffelturm und stach sich die Spitze in den kaiserlichen Hintern. Der Schmerz machte ihn rasend, er ergriff eine Fackel und schleuderte sie gegen die Zeltwand, das Zelt loderte sofort lichterloh. Endlich hinkte Murat herbei, versuchte zu löschen, während sich einige andere um den erstickenden Weltenherrscher kümmerten. Eine Horde Soldaten stürzte sich auf die Tiere. Ein Kampf auf Leben und Tod entbrannte.

Nun, liebe Freunde, was wird geschehen? Werden unsere Helden das Hasenpanier ergreifen? Werden sie Fersengeld bezahlen? Werden die Wachen sie in den Kerker werfen, wo der Graf von Monte Christo sie erwartet? Oder harrt die Teufelsinsel ihrer? Möglicherweise mit Papillon einen Fluchtversuch unternehmen?

Ich habe mich umgehört, habe recherchiert, habe meine Großeltern befragt, keiner wusste eine Antwort. Ist das nicht frustrierend, gerade für euch, die ihr die Geschichte weiter hören wollt? Aber dass unsere Helden für die Niederlage und den Niedergang des kleinen, so sympathischen Weltreichbeherrschers verantwortlich sind, das wird niemand bezweifeln. Also darf mit Fug und Recht behauptet werden, dass Waterloo nicht Waterloo heißen dürfte, sondern: **KAT**erloo!

*

Wie krieg ich jetzt mein Herrchen dazu, dass ich etwas zu fressen bekomme? Er ist so in seine Geschichte, nein, meine Geschichte versunken, dass er nicht hört, was um ihn herum geschieht.

Diese intellektuellen Schreiberlinge, sie meinen, sie müssten auf ihren Fincaterrassen sitzen und absurde Geschichten über Katzen schreiben, sie meinen, dass sie sich mit witzigen Geschichten über uns in den Dichterhimmel **KAT**apultieren können.

Aber wir Viecher sind nun mal die Lieblingstiere der Intellektuellen. Warum? Weil sie glauben, dass wir ihre Intelligenz und ihr erkämpftes Im-Hier-und-Jetzt-Leben, ihr Sehnen nach Erleuchtung, widerspiegeln. Dass wir die Unabhängigkeit, die Schönheit und Würde, nach der sie streben, verkörpern. Und über allem schwebt die Frage: Haben Katzen ein Ziel?

Aber was rede ich? Ich will fressen und er bemerkt mich nicht …

Halt! Ich hab's, ich diktiere ihm einfach in unsere Geschichte: *Hallo! Chef! Alphatier! Ich habe Hunger! Und weißt du, was ich möchte? Zur Feier des Tages und weil du so schöne Geschichten von mir erfährst, deswegen will ich heute eine gute, feine Pizza mit Ölsardinen und Thunfisch …*

Leute, er hat's mitgekriegt. Bis später. Muss jetzt erst mal fressen und dann Siesta machen. Mal sehen, was es dann zu erzählen gibt.

*

Mhmhm, die Pizza hat gut geschmeckt. Apropos Pizza, es gibt diese Geschichte des großen römischen Senators **CAT**o. Dessen Bruder hieß **CAT**ull und der hatte in der Via Appia eine Pizzeria, die hieß **GATTOPARDO.** Dort kochte er die besten Ri**GAT**oni von Rom. Und wegen dieser Pizzeria seines Bruders haben sie im Senat dem **CATO** den Spitznamen **PIZZICATO** verpasst. Der Kerl fand das nicht lustig, der war völlig humorlos.

Eines Tages ist seine **GAT**tin, die hieß übrigens Re**GAT**a, mit seinem Bruder durchgebrannt. Da ist der Cato durchgedreht. Alles was ihn an seinen Bruder und dessen Pizzeria Gattopardo erinnerte, brachte ihn zum Toben. Er wurde deswegen zum Katzenhasser. Er hat am Schluss jeder Rede im Senat gesagt (das ist historisch verbürgt!): *»**CET**erum censeo **CATAR**ginem delendam esse«* zu Deutsch: *»Im* Übrigen *meine ich, dass alle Kater vernichtet werden müssen«.*

Zufällig habe ich das Protokoll seiner letzten Rede im Sicherheitsausschuss des Senats bei mir und daraus will ich euch jetzt vorlesen:

»Verehrtes Auditorium! Hochwohlgeborene Senatoren!

*Durch meine Kontakte zum **KAZ,** das ist, wie Sie wissen, der zypriotische Geheimdienst **K**atzen **A**bwehr **Z**ypern, durch diese Kontakte also ist mir ein Pasquill, ein Pamphlet, eine Kriegsansage an die große Römische Nation in die Hände gefallen. Dieser Kassiber entstammt einer Katzenvereinigung, die sich die Vernichtung der Heiligen Römischen Gesellschaft aufs Panier geschrieben hat. Falls meine Hände beim Verlesen zittern, seien Sie nachsichtig, es fällt mir schwer, meine Erregung zu verbergen. Der Inhalt lautet folgendermaßen: ›Sobald diese Menschen geboren sind, nehmen sie Abschied. Abschied vom Leben, von der Erwartung, vom Heldentum, von der Liebe – und wir Katzen? Wir werden blind geboren und sehen täglich besser.‹*

Verehrte Senatoren!

Hier ist Handlungsbedarf notwendig. Ist Ihnen schon einmal aufgefallen, wie wir von Katzen unterwandert sind? Nicht nur drittklassige Pizzerien werden nach ihnen benannt …« – einige Senatoren machen grinsend das Zeichen für den Gehörnten – »*Nein, ich werde Ihnen noch einige Beispiele geben, wie unsere heilige Sprache unterwandert wird, nach dem Motto: Erst besetzen wir die Sprache, dann das ganze Land. Ich nenne Ihnen nun einige Wörter, die auf infamste Weise zeigen, wie subversiv diese grässlichen Tiere arbeiten, um sich durch eine sprachliche Hintertüre in unsere Gehirne zu schleichen.*

*Sie verstecken das Wort Katze oder Kater auf sehr geschickte Weise, zum Beispiel in dem Wort **KA**r**T**offel**Z**apf**E**n.*

*Wer von uns könnte nach einer Wahl harmlos noch von einem **KA**n**TER**sieg sprechen?*

*Hat sich jemand klar gemacht, was **K**ol**ATER**alschaden wirklich bedeutet?*

*Wer will noch freiwillig im **KAT**ast**ER**amt arbeiten?*

*Ganz zu schweigen bei einem **KA**s**T**ratengesangswettbew**ER**b teilnehmen, Scho**K**ol**ADE**n**R**iegel essen, oder gar das **KA**masu**TR**a üben? Kann man sich noch so harmlosen Vergnügungen hingeben wie dem **K**irschkernspo**TZ**en … nein, Entschuldigung dem **K**orschkernspi**TZ**en … andersrum … jetzt hab ich's … dem **K**erschkirnsp**ATZE**n?*

Wir müssen etwas unternehmen!

Ich will nicht warten, bis wir etwas finden werden in Wörtern wie Nudelauflauf, Ottomane, Haarbalgentzündung, Synchronschwimmweltmeister, Dorschschwarm, Schnittschutzhose oder schizoider Schub …«

Das war das entscheidende Wort für die Saaldiener, die von den Koalitionsführern Antonius und **C**leop**ATR**a den Befehl bekommen hatten, Cato wegzubringen. Er konnte nur noch »***CET**erum censeo …*« gurgeln. Monate später wurde er in der überfüllten

Heilanstalt für irrsinnige Verkehrsminister und suchtkranke Theaterintendanten gesichtet.

Das Sanatorium lag gleich in der Nähe von **GOT**ha. Nicht weit von dort, in einer Nachtbar, fand man eines Tages die Leiche von Cato, er hatte tiefe Messerstiche im Rücken. Die Bar hieß »**LE CHAT NOIR**«. Geführt wurde die Spelunke von einem gewissen Brutus Ma**GAT**h, ein ungarisch-römischer Zuhältertyp von zweifelhaftem Ruf.

Bei diesem Brutus lebte ein schwarzer Kater namens Felix, dessen abenteuerliche Geschichte ich nun zu erzählen anhebe.

*

Sein Herrchen war ein fanatischer Anhänger des bayrisch-römischen Gladiatoren**CAT**chvereins BRGCV. Die meinten, sie seien die Besten, verloren aber immer wieder wichtige Kämpfe. Da wurde es seinem Kater Felix zu bunt, er konnte gar nicht mehr mit ansehen wie Brutus Magath mit verheultem Gesicht hinter dem Tresen seiner Spelunke stand und den Bardamen die Ohren volljammerte. Felix war einer der schnellsten und wendigsten Kater, die die Welt je gesehen hat, und diese Gabe nützte er aus. Er schlich sich bei wichtigen Catch-Kämpfen zwischen die Beine des Gegners, brachte ihn zum Stolpern und verwirrte ihn dermaßen, dass der BRGCV endlich doch einmal Europameister der Gladiatorenliga wurde.

Allerdings haben die Gegner das Sabotageverhalten von Felix bemerkt. Und sie machten Jagd auf Felix, vor allem die Jungs des spanischen Gladiatoren**CAT**chvereins Madrid SGCVM.

Als wieder ein Wettkampf stattfand, bauten die Spanier eine Falle. Sie ließen über den linken Flügel eines Catchers eine Viererkette fallen, in die sich Felix verhedderte. So fingen sie ihn ein und er wurde unter ohrenbetäubendem Triumphgeschrei durch Madrid geführt. Von diesem Lärm wurde ein gewisser Cristobal Kolumbus geweckt. Er lag gerade zur Siesta mit seiner Verlobten **AGAT**he, das war die mit der Figur einer **GOT**ischen Kathedrale, nackt auf dem Bett. Als er aufstand und zum Fenster ging, seufzte Agathe: »Oh, die Eier des Kolumbus …«, was Cristobal nicht mitbekam, denn fasziniert betrachtete er den schwarzen Kater, der durch die Straßen geführt wurde und der in seinem Käfig so prächtig aussah wie ein kleiner Panther. Blitzartig durchzuckte es ihn: »*Das ist der … hick … Kater, den ich mit auf meine Entdeckungsfahrten neh … hick … men will.*«

Nun muss ich berichten, dass Kolumbus oft von einem Schluckauf geplagt wurde, wenn er sich aufregte.

Da er einen guten Draht zum Großinquisitor Miguel Ángel **CAT**avino hatte, kam Felix nach seiner Fürsprache frei. Das große Abenteuer begann: Er wurde Chefkater auf der »Santa Maria«, dem Flaggschiff von Kolumbus.

Felix fing so viele Mäuse und Ratten wie noch kein Kater zuvor. Als sie in der Bay von San Francisco landeten, wollte Cristobal ihm eine große Ehrung zukommen lassen. Allerdings hatte er sich vorher sehr aufgeregt, denn Fockmast und Brahmsegel waren abrasiert worden, als sie unter der Golden **GAT**e Bridge durchfuhren. Kolumbus wollte Felix bei der Ehrung zurufen: »*Dir zu Ehren will ich dieses neu entdeckte Land A merri* **CAT** *nennen*«, aber da er wieder mal Schluckauf hatte, verschluckte er das »*T*« am Schluss und deswegen heißt dieses Land *AMERIKA*.

Felix witterte schnell, dass Amerika das Land der unbegrenzten Möglichkeiten war. Er ging nach Connecti**CUT**, legte sich den Künstlernamen **CAT** Stevens zu, komponierte das Musical

CATS und wurde damit der reichste Kater Amerikats. Er gründete eine A**KAD**emie für Katzenmusik. Berühmte Opern und Musicals wurden in dieser Akademie geboren.

Allein zum **CA**s**T**ing für die Musicals »Kiss me **KAT**« »Annie **KAT** your gun« und »**CHAT CHAT CHAT** ist meine Leidenschaft« meldeten sich 3000 be**GA**b**T**e Katzen.

Das berühmteste Werk aus dieser Schule war der »**DER KATZENFÄNGER IM ROGGEN« engl: »The CATCATcher in the rye«**, woraus folgendes Lied stammt.

Es zeigt die feiernden Katzen, die in einem heroischen Kampf den Katzenfänger besiegt haben:

TRIUMPHTANGO AUS DEM MUSICAL »DER KATZENFÄNGER IM ROGGEN«

Ist er voll der Mond
Wird nichts mehr geschont
Dann geht's zum großen Tanz
Und in den eignen Schwanz
Beißt sich heut niemand
Wir tanzen Katatata Katatata Katatango

Heute geht es rund
Schenk mir deinen Mund
Wir schrei'n im Fackelschein
Wer will schon Dackel sein
Ja das will niemand

Das Katzenvolke
Schwebt auf 'ner Wolke
Es gibt Kaninchen
Aus Argentinchen
Doch die mag niemand
Wir tanzen Katatata Katatata Katatango

Ein jedes Pelztier
Fragt wie gefällt's dir
Und alle grölen
Jetzt bloß nicht nölen
Nein das soll niemand
Wir tanzen Katatata Katatata Katatango

CAT beziehungsweise Felix legte großen Wert auf Bildung und gute Erziehung, Edu**CAT**ion, wie er sagte. So ließen manche Snobs unter den Akademiemitgliedern, wenn sie einen Singvogel verspeist hatten, gern einen Satz fallen, der in ihren Ohren cool klang: »*Es war die Nachtigall und nicht die Lerche.*«

Fast hätte ich es vergessen, unser Lieblingslied war »*The Lion sleeps tonight*«

Man nannte die Akademie das Ar**KAD**ien Amerikas, sogar Präsident **CA**r**T**er kam zu einer Aufführung. Beim Katzentango vergaß er alle Eti**KET**te und tanzte mit der schönsten Hauptdarstellerin auf dem **CAT**walk. Diese Hauptdarstellerin mit Namen Marilyn **CAT**orze verliebte sich in den Präsidenten und leider, leider brachte sie sich um, indem sie sich in einem Kami**KAZE**akt in den Hundezwinger der Gefangeneninsel Al**CA**-**T**raz stürzte und dort von den blutrünstigen Bestien zerfleischt wurde. Man hat bis heute nicht herausgefunden, ob nicht doch ein mafiöses Syndi**CAT** hinter diesem Selbstmord steckt.

Die Akademie erholte sich nie von diesem Schlag. Cat legte alle Ämter nieder und verschwand.

Ein Luchs schnürte manchmal aus den Rocky Mountains in die Stadt, um Rebhühner gegen Thunfisch einzutauschen. Er erzählte, er habe in einer Vollmondnacht beobachtet, wie Cat Hand in Hand mit Marilyn **CAT**orze über den Niagarafällen schwebte und dabei sangen sie »The first **CUT** is the deepest«.

Großartig war die Nachkommenschaft von unserem Cat. Er hatte so viele Kinder gezeugt, dass man die genaue Zahl gar nicht erraten kann. Einige gingen zum Zirkus Fossabenetti. Dort verwandelten sie sich in Tiger, Löwen oder Panther und zeigten vielfältige Kunststücke.

Manche gingen nach Las Vegas, wo sie sich weiße Felle überstreiften und sich mit zwei einfachen Menschen auf der Bühne feiern ließen.

*

Ihr wisst, liebe Leute, dass unser Kommunikationssystem gut funktioniert und so habe ich Folgendes aus erster Quelle erfahren: Der Roy, also der eine von den zwei einfachen Menschen dort in Las Vegas, der legte seinen Kopf immer in den Rachen von meinem Kollegen, der vorgab ein weißer Tiger zu sein. Das langweilte diesen sehr, jeden Abend der gleiche Blödsinn. Vor allem war das überhaupt nicht gefährlich für Roy, denn mein Kollege dachte nie daran, ernsthaft zuzubeißen. Na gut, den Zuschauern stockte der Atem, denn das sah sehr dramatisch aus.

Allerdings trieb mein Kollege gern irgendwelchen Schabernack, damit es nicht so langweilig war. Zum Beispiel furzten er und seine Mitstreiter gern auf offener Bühne, was im Publikum große Heiterkeit hervorrief. Auch Großkatzen verkaufen ihre Großmutter für einen Lacher. Manchmal entfuhr ihm auch ein Rülpser, wenn Roy seinen Kopf im ach so gefährlichen Rachen der Bestie liegen hatte. Das musste er aushalten, den Geruch der Magensäfte von 20 Kilo Gehacktem.

Eines Tages wettete er – jetzt fällt mir der Name wieder ein, er hieß Pumpsi wegen seiner Flatulenzen –, jedenfalls wettete Pumpsi mit seinen Kollegen, dass er es schaffen würde, dem Roy mit seinem Reißzahn das Toupet vom Kopf zu ziehen, wenn jener seinen Kopf in den Rachen der Bestie steckte. Das Verhängnis nahm seinen Lauf, weil Roy an diesem Tag ein neues Aftershave benutzte, sodass Pumpsi irri …tier …t war – er verlor die Kontrolle über seinen Beißreflex – und somit die Wette. Er hat den Roy ziemlich übel zugerichtet, das war ein biss …chen unangenehm, aber dass man meinen Kollegen gleich einschläfern lässt, das fand ich etwas überreagiert.

Übrigens war das für Siegfried und Roy auch finanziell ein schwerer Schlag, denn sie hatten sich gerade ein Häuschen gekauft im Sauerland und sie wollten für Siegfrieds altes Mütterchen Winifred einen Anbau anbauen. Aber es gab Schwierigkeiten mit dem **KAT**ast**ER**amt Brilon und dadurch wurde der Anbau immer teurer und jetzt fraß diese dumme Katze den Roy fast auf, so was Blödes.

Die Winifred war bald nach dem Unfall verstorben.

Ich habe in meinem Archiv die letzten Gedanken von Winifred gespeichert und kann mich nicht enthalten, sie der Öffentlichkeit hiermit kundzutun.

LETZTE GEDANKEN VON WINIFRED – DER MUTTER DES GROSSEN KATZENBÄNDIGERS SIEGFRIED DREI STUNDEN VOR IHREM ACH SO SCHRECKLICHEN TOD

Wie schön das Wetter heute ist. Der ideale Tag für eine leidenschaftliche Ornithologin wie mich.

Voll freudiger Vorfreude freue ich mich aufs Vögelbeobachten. Ob mein Freund, der Wiedehopf, wohl seinen Balztanz aufführen mag? Werden die Ringeltauben rangeln? Und die turkmenischen Turteltauben, die auf ihrem Flug zu den norwegischen Brutplätzen so gerne auf den jahrhundertealten Affenbrotbäumen am kahlen Asten rasten, werde ich sie vor mein kostbares Fernglas bekommen, dieses Fernglas, das schon mein Urgroßvater auf seinen Reisen zu den Ureinwohnern Australiens benutzt hat?

Meine Vorfreude auf den albanischen Albatros lässt die glasige Morgenluft erzittern, und die Vorstellung, dem majestätischen arabischen Marabu beim Brüten zusehen zu können, lässt meine immer noch rosig schimmernden, von bläulichen Äderchen durchzogenen Bäckchen erglühen.

Korkenzieher, Tigerbalsam und Bumerang sind gepackt. Ja, dieser Bumerang, was für ein mythisches Werkzeug! Diesen Bumerang hat mein Urgroßvater vom Häuptling der Aborigines geschenkt bekommen, und ununterbrochen hat der Hundertzwanzigjährige bei der Übergabe folgenden Zauberspruch geflüstert:

ZAUBERSPRUCH FÜR EINEN BUMERANG

Ziele auf die Schwalbe
Mach sie halb und halbe
Hole dir den Pelikan

Greife auch den Milan an
Teil die Mücke in der Mitte
Doch vergiss nie meine Bitte:

Sause zu den Sternen
Doch lass sie weiter blinken
Flieg zum Horizont
Doch spalte ihn nicht
Verletze nicht den Mond
Nur er weist uns den Weg im Dunkeln
Lass die Sonn' am Himmel steh'n
Sie gibt uns die Kraft zu leben
Und bitte, alter Bumerang, finde immer den Weg zurück

Ich hatte es tatsächlich schon einmal geschafft, dass der Bumerang den gesamten **KA***hlen* **A***s***T***en umflogen hat und dann in meine wartenden Hände zurückkehrte. Mein Bumerang, der mir magische Kräfte verleiht.*

Sein flatternder Flug lässt immer wieder seltene Vögel aufflattern, die ich dann registrieren, kommentieren und datieren kann. Das gibt mir wiederum eine Sonderstellung in der europäischen Ornithologie, worauf ich stolz bin. Auch dass mein Sohn Siegfried mich dafür bewundert, erfüllt mich mit tiefer Freude.

Und heute wieder: Ich werde mich auf eine Waldlichtung begeben und werfen.

Ich ziehe den Bumerang hervor, er liegt in meiner Hand wie ein Zauberstab. Apropos Zauberstab, wie war der Wortlaut des Spruches. Mir fällt er nicht ein, egal. Ist ja sowieso nur so australischer Hokuspokus. Ich werfe … Er schraubt sich in die Höhe … Er schraubt sich noch höher … was ist das? Da kommt ein Kleinflug-

zeug über den Himmel geflogen, ein Spruchband flattert daran, darauf steht »Werdet Eures Lebens Froh, besucht den Zoo von Oldesloe«. So was Blödes, wie kann ich den Zoo dort besuchen, das ist zu weit weg … was ist jetzt los? Mein Bumerang nähert sich dem Flieger. Um Gottes willen, der Zauberspruch … der Spruch … er fällt mir nicht ein. Der Bumerang schießt in das Flugzeug, der Pilot wird herausgeschleudert, um Gottes willen, was soll ich tun … oje, was passiert da in der Luft? Der Pilot hat sich in dem Werbebanner verfangen und flattert wie ein Drachenschwanz zur Erde … mein Gott, vielleicht überlebt er und ich könnte mich noch einmal in einen Piloten verlieben und … … aber was ist denn das … das ist ja eine Pilotin und kein Pilot.

»Sagen Sie mal, ist das Ihr Bumerang vielleicht? Was denken Sie sich? Können Sie nicht auf dieses Ding besser aufpassen? Ich mache sie haftbar! Das Flugzeug kostet 300 000 Mark und mein Schminkkoffer 82,99.–, Sie dusslige Kuh! Und wie soll ich das dem Oldesloer Zoodirektor erklären? Der hat Jahre in diese Werbekampagne gesteckt und extra zwei weiße Tiger aus Las Vegas kommen lassen als Publikumsattraktion, mit diesem wie heißt er noch, dieser Roy und seinem Freund da, diesem … ›Siegfried‹, kann ich nur noch hauchen.«

Winifred hyperventilierte, ihr wurde schwindlig. Winifred fiel zu Boden und stürzte sehr unglücklich in den Korkenzieher, den sie immer in der Seitentasche ihres Rucksackes bei sich hatte.

Mein Gott dieser Korkenzieher, den ihr Sohn aus Bingen mitgebracht hat, wo er als **KA**lfa**TOR** für Rheinschiffe gearbeitet hat, bevor er nach Las Vegas ging, dieser wunderschöne Korkenzieher mit dem Griff aus Wurzelholz, der ihr schon manches

Fläschchen von gutem Weine geöffnet hatte, was sage ich: Gute Weine? Nein!

Es waren *Weine äußerst anspruchsvoll gemachte, intellektuelle* Weiß*weine- und doch keineswegs kompliziert. Weine nicht nur vom Rhein, sondern zum Beispiel ein Ribolla Gialla Riserva di Oslavia 2004, ein Uni**KAT** aus dem Friaul, ja richtig, das ist der, der das klassisch blumige Bouquet hat mit floralen Noten, A**KAZ**ienblüten, reife Fruchtaromen, Zitrusfrüchte, vielschichtig und körperreich, milde Säure und sehr langer Abgang, man weiß es ja, das ist der mit besonders viel Persönlichkeit und* **ChArakTER**.

Wie war sie fasziniert von der *Eleganz dieses in französischer Eiche ausgebauten Explorateur? Dieser einmalige Geschmack nach süßen, schwarzen Beerenfrüchten, kombiniert mit nussigem Eichenholzaroma, Tabak- und Espresso-Noten, wobei der* **CA***berne***T***anteil dem Wein Eleganz und Struktur gibt, kombiniert mit seidiger Fülle. Rund und voll mit samtigen Tanninen und einem langen, tiefgründigen, süßen und verführerischen Abgang.*

Allerdings muss sie zugeben, dass der 2006er frischer ist, eine Spur cremiger und voll appetitlicher Aromen: Birne, Aprikose und weiße Blüten münden in ein vitales Finale …

Das Finale unserer Winifred war keineswegs vital, sondern mortal. Der Korkenzieher bohrte sich bei dem Sturz in ihre Halsschlagader, sodass sie jämmerlich im sauerländischen Gehölz verblutete. Kein abgerundeter Abgang.

Die Pilotin des Kleinflugzeuges wurde Abteilungsleiterin für Damenoberbekleidung bei **KA**rs**T**adt in **CA**s**T**rop-Rauxel.

*

Tja, liebe Leute, ganz schön anstrengend, so Geschichten zu erzählen, ich glaube, ich muss etwas trinken und dann, ja, dann muss ich eine Runde schlafen. Und wenn ich wieder wach bin, erzähle ich euch noch ein paar von den vielen Geschichten, die ich im Kopf habe. Zum Beispiel die Geschichte von Jeremias **KAT**tun. Das war ein angesehener Kater im 19. Jahrhundert, der als Jerry **COT**ton in Kanada am **CAT** Lake eine berühmte Privatdetektivschule gründete.

Oder die Erzählung über die **KAT**ta, einer Lemurenart, die auf **CAT** Island auf den Bahamas ihr Unwesen trieb. Diese Geschichte hängt wiederum mit der Geschichte des »Großen **CAT**sby« zusammen, einer sogenannten **KAT**ilinischen Existenz. Was das ist? Das ist eine Katze, die nichts mehr zu verlieren hat und deshalb zu Verzweiflungstaten neigt. Und das war beim Catsby der Fall. Er hatte nämlich seine Doktorarbeit in der japanischen Silbenschrift **KATA**kana geschrieben und hat dafür das Papier der Zi**KAD**en**KA**s**T**anie benutzt, ein sehr seltenes und unersetzliches Papier. In der Arbeit ging es um die merkwürdige Sucht von vielen Menschen, sich in S**KAT**ologischen Begriffen auszudrücken. Und diese Doktorarbeit wollte er auf **CAT** Island bei einem Kongress der Katzen, die mit einem höheren Intelligenz**QUOT**ienten als 500 ausgestattet sind, vorstellen. Am Tag vor diesem Ereignis wurde er von einer Bande **KATTA**s überfallen; die waren ganz wild auf Zi**KAD**en**KA**s**T**anienpapier und fraßen die Arbeit innerhalb von Sekunden auf. Catsby verlor darüber den Verstand und sämtliche Haare.

Oder die Geschichte von Willi, dem Kater von Friedrich dem Großen. Willi musste mit zusehen wie **KAT**te, der Freund von Friedrich, zusammen mit seiner Katze geköpft wurde, weil er desertieren wollte. Willi hat dann für Kattes Katze ein Memorial gebaut und es SansPoussie genannt.

Oder, oder oder … … ja liebe Leute, genug für heute.

Und vergesst nicht: Auch Katzen sind nur Menschen, nein, andersrum:

Menschen sind auch nur Katzen!!!!

AMORTISATION

Ich will endlich loslassen beim Schreiben, nur drauflosschreiben, mich endlich diesem Kreativ-genie-Sichüberraschenlassen-Demuniversumöffnen hingeben.

Aber dazu brauche ich, um euch, meine geschätzte Leserschaft, zu begeistern, einen aufsehenerregenden ersten Satz, der eine spannende Geschichte ankündigt. Einen Satz, der die Leser fesselt, sie nicht mehr aus den Klauen des raffinierten Autors entlässt.

Mir sollte ein Satz gelingen wie:

Sie konnte wieder nicht schlafen. Die drückende Hitze der mallorquinischen Nacht und die Gedanken an das entsetzliche Geschehen der letzten Stunden zermürbten sie, marterten ihre Seele und ihr Herz.

Was war geschehen?

Ich weiß es nicht. Fragt mich nicht.

Lasst uns zum Kiosk gehen, in die Bar auf der Plaza oder zum Balneario an der Uferpromenade, vielleicht finden wir jemanden, der uns erzählt, worum es geht.

Wir könnten auch dem Mond folgen, der langsam … sehr langsam … sehr, sehr langsam in Richtung Tramuntanagebirge schwebt.

Auch er, der Mond, lässt sie nicht schlafen. Sie wirft sich hin und her in ihrem kolossalen Bett, das wie ein antiker Tempel in dem hallenartigen Schlafzimmer thront, diesem Saal ohne Vorhänge, ohne Teppich, nur mit einem rosafarbenen Marmorboden ausgestattet. Vom Bett fällt der Blick auf einen überdachten Balkon, der scheinbar schwerelos über dem Meer schwebt. Hombre, wenn der abbricht, plumpst du direkt ins Wasser, ins blaue, ins mittelmeerische, ins weite Meer, das sich wie ein Band um diese anmutige Insel schmiegt – und du ersäufst.

Ansonsten, Chapeau! Ein Hoch auf den Architekten.

Was wollen wir wissen? Was mit der Frau geschehen ist! Und was denn so schrecklich war!

Sie erhebt sich langsam, schiebt sich mit einem gequälten Seufzer aus dem Lager, mühevoll, die Glieder schmerzen.

Sie ist nicht mehr jung … stelle ich mir zumindest vor.

Was heißt »nicht mehr jung«? Nun gut, vielleicht um die fünfzig? Im Mondlicht, das sich im rosa Marmorboden spiegelt, wirkt ihr Gesicht älter als fünfzig. Aber ich bin mir jetzt, da wir darüber reden, nicht mehr sicher, ob sie fünfzig ist.

Warum hinkt sie? Soll das eine Horrorgeschichte werden?

Doch, sie hinkt. Das hat mit Horror nichts zu tun, auch wenn ihr weißes Nachthemd gespenstisch im Mondlicht flattert, nein, im leichten Windhauch weht. Der allerdings nicht die lastende Hitze wegnimmt, er wirkt eher wie ein heißer Föhn.

Sie stöhnt, hinkt, zieht sich umständlich einen hellblauen Overall über das Nachthemd und trinkt gierig aus einer Plastikflasche das erwärmte Wasser. Das Plastik knackt mit einem grässlichen Geräusch, das in dem riesigen Raum widerhallt, als ob einem Ketzer unter der Folter der Arm gebrochen wird. Wieder stöhnt sie auf, dieses Mal lauter.

Hat sie Schmerzen?

Ich weiß es nicht. Lasst uns weiter beobachten, weiterschreiben, weitererzählen.

Worum geht es?

Es geht um eine Frau, die von ihrem Liebhaber, nein, von ihrem Mann, ja, das ist besser, dramatischer … von ihrem Mann verlassen wurde.

Er ist 59 Jahre alt, genau das Alter, in dem so mancher Mann auf der Lichtung seines Haupthaares sitzt. Ein Jungreh hoppelt vorbei, wackelt mit dem Bürzel und schon fangen sie an zu sabbern, gierig zu erigieren. Sorry, ihr armen Testosteroniker, das musste mal gesagt werden.

Zurück zu der Frau. Wollen wir ihr nicht einen Namen geben? Einen Alltäglichen oder einen Außergewöhnlichen? Einen, der möglicherweise die außerordentliche Atmosphäre ihres gar nicht so uninteressanten Lebens einfängt?

Gut! Sie heißt Deirdre.

Was? Muss das sein? Ein keltischer Name?

Vielleicht Zoë? Nein, das ist allzu griechisch.

Feline? Ja, so wie die aus Goethes »Wilhelm Meister«. Na bitte, haben wir doch schon ein Bruchstück unserer Bildung untergebracht.

Unsere Feline, die von mir jetzt Sogenannte und die die Leserschaft sicher ins Herz schließen wird – Blödsinn, ich weiß ja noch nicht, was das für eine Person ist. Wartet ab!

Feline verhielt sich wie ein Chamäleon. Sie konnte sich sofort dem Manne, mit dem sie gerade zusammenlebte, anpassen, und seiner Umgebung. Es bereitete ihr keine Schwierigkeit, sich den Schwiegereltern und den Kindern ihrer neuen Beziehung anzugleichen. Sie fuhr die Schwiegereltern gerne zur Reha, sie bügelte mit Begeisterung die Boxershorts des pubertierenden Stiefsohnes, sie verlor sich ganz und gar im neuen Haus ihres Verlobten, wurde eins mit den Samtvorhängen, verwandelte sich in einen Türvorleger, stellte sorgfältig gebundene Blumensträuße auf die aus Asien importierten Teakholztruhen – und das alles eine Woche nachdem sie ihn kennengelernt hatte. Wie war er überrascht, dass sie schon bei der ersten Einladung ihren Bademantel mitbrachte. Es gab ein Abendessen, nein, ein Abendmahl, das er, der ein Superkoch war (Supi! Kardamom aus Uruguay!), für sie allein und nur für sie kredenzte. Dessen Küche aussah wie eine Weltraumstation. Der extra für sie Wachteleier aus Peru hat einfliegen lassen. Sie entdeckte später im Mülleimer das Etikett vom Lidl-Mallorca auf der Verpackung, aber was macht das schon? Charmante Hochstapler sind sie nun mal, die Männer.

Dann der kosmische Sex hinterher, quasi als Nachspeise, er kam gar nicht mehr auf die Erde zurück, er gebärdete sich wie ein Testosteronesel. Hm, Viagra? Er hat mir doch von seinen Herzrhythmusstörungen erzählt. Darf man da Viagra nehmen?

Feline war glücklich. So weit ein Mensch glücklich sein kann, der immer auf der Suche ist, selten bei der Sache. Der sich im Handumdrehen verwandeln kann in ein harmloses Heizkissen.

Das ist gemein, sie so zu beschreiben, oder?

Ich könnte es anders versuchen, aber dann verzettle ich mich wieder, bleibe nicht bei der Suche, nein, bei der Sache und die britzelnde, brutzelnde, brotzelnde, prickelnde Spannung ist ganz raus aus der Geschichte. (Tolles Wortspiel! Reine Musik! Hervorragende Hilfe vom Thesaurus, danke Thesaurus, danke Word, danke Microsoft!)

Das war jetzt Felines Beschreibung, aber was ist denn nun geschehen?

Halt! Ich habe auch geschrieben, dass sie ein gar nicht uninteressantes Leben führte. Wie passt denn das zusammen? Und was ist mit dem Hinken? Was ist mit der Villa? Und führe ich vielleicht jemanden aufs Glatteis? Gemach, mir ist bewusst, dass das Eis, auf dem ich mich bewege, kein Vanilleeis ist, sondern so etwas wie eine dünne Eisschicht auf dem Fluss des Lebens, sagen wir auf dem Orinoko. Klingt gut, versteht niemand.

Was heißt »nicht uninteressantes Leben«?

Heißt das, sie hat die Ausstrahlung einer Abenteuerin?

Jahrelange Reisen durch unentdeckte Länder, Bootexpeditionen auf dem Orinoko? Heißt das, als Beifahrerin in einem monströsen Alaskatruck bei zwanzig Grad Minus?

Das ist jetzt nicht besonders schlau, was ich da schreibe, oder?

Apropos, das muss ich jetzt loswerden: Dieses learning by doing beziehungsweise writing by making, dieses spontane Schrauben an Schreibformulierungen, die keine Sau interessiert, dieses Eins-auf-Thomas-Mann-Machen, dieses sich in den Kreativ-genie-Sichüberraschenlassen-Demuniversumöffnen, dieses nasenpopelige Alleinunterhaltertum – das geht mir auf die Nerven! Das führt zu nix! Ich werde ab jetzt ein durchdachtes Konzept anwenden mit stringenter Struktur und excelwordmäßiger Übersicht.

Also, zuerst den ersten Satz der Erzählung so konzipieren, sodass kein Haar dazwischen passt, dass die Leser vor Spannung die Hände ringen, die Beine verknoten und die Augen verdrehen, dass der Schweiß strömt …

Weiter im stringenten Konzept.

? . . . . ?? . . . . ???

Nein, so geht das nicht. Am besten draufloslesen, quatschen … also: »Feline hinkt …«, warum? Hat sie ein quietschendes Holzbein? Nein.

Martert sie eine Nagelbettentzündung? Schon eher.

Vielleicht hat sie einen Dorn in der Fußsohle, den sie sich eingezogen hat, als sie im Atelier von Praxiteles mit Rodin telefonierte? Das wohl nicht, denn Praxiteles hat kein Atelier in Palma de Mallorca. Und in Palma ist es geschehen, der Unfall, der sie hinken lässt. Also was denn nun?

Ganz einfach, der Aston Martin ihres Ex-Mannes ist sehr tief gelegt, wegen des Schleudertraumas (klingt komisch der Genitiv, oder? Ich verwende den Dativ!) … wegen dem Schleudertrauma, na du weißt schon … schleudern … Sportwagen … wie heißt das? … Ja, Powerslide! … das heißt, du musst höllisch aufpassen, dass du dir nicht einen Bandscheibenvorfall zuziehst beim Aussteigen und noch höllischer musst du aufpassen bei den hohen Randsteinen und, was soll ich sagen, genau da ist es passiert. Am Randstein vor dem Klamottenkaufhaus Zara. Sie hatten sich wieder mal gestritten (Geschlechterkrieg I, Arbeitstitel, so Thomas-Bernhard-mäßig schreiben, das wär schön).

So, von wegen ungefähr so:

Er will während des Fahrens eine Birne essen.

Sie »Willst du die jetzt essen?«

Er: »Ja.«

Sie: »Der Saft tropft auf dein Hemd, und du hast ein frisches Hemd an! Schrecklich, alter Mann mit Essensresten auf der Kleidung!«

Schon ist nicht nur softly ein Tropfen aufs Hemd getropft, aufs lindgrüne mit schwarzem Kragen, nein, ein saftiges Stück der Birne liegt grinsend auf dem vertropften, geschopften, gezofften Stoff. Sie will wütend aussteigen und ihm bei Zara ein neues Hemd kaufen, denn sie sind bei Freunden eingeladen, na ja, eher Bekannten, wobei sie, die Bekannte, ein furchtbares Klatschmaul ist, da muss man aufpassen, was man sagt … und sie, unsere Protagonistin, hält es verdammt nochmal nicht aus, wenn er so nachlässig mit den Dingen umgeht.

Freunde, wahrlich ich sage euch: Das Paradies ist vermintes Gebiet. Adam und Eva als Bombenleger im Dschihad ihrer Zweisamkeit, Evas Apfel war eine Handgranate, die ersten Terroristen im Kampf gegen die, die glauben, wahre Liebe wäre möglich und Treue sei nun mal keine Fiktion, denn ... siehe oben, Stichwort »Jungreh ... Bürzel«!

So sitzt Feline einsam, deprimiert, weinend und greinend in einem weißen Ledersessel, auf dessen rechter Armlehne ein schwarzer Streifen ihres verschmierten Kajalstiftes den pompösen Eindruck der Sitzgarnitur versaut, der weiße Marmorboden ... war er nicht rosa? ... wirkt stumpf.

Sie weiß nicht, wohin, weiß nicht, warum, hat keine Arnikasalbe mehr, aber ich sage euch, einen sagenhaften Blick aufs Meer. Regnet zwar, aber dieser Blick aufs Meer, sahnemäßig, sie versucht durch den Tränenschleier, durch die Regentropfen, die an ihr Fenster klopfen, und den Regennebel aufs Meer zu blicken, und warum blickt sie so intensiv? Damit sich die fünfhunderttausend, die die Villa wegen des Meerblicks mehr gekostet hat, amortisieren.

AMORtisieren!

AMOR! Verdeckte Konnotation zum großen Thema dieses Essays! Menschenskinder, was für ein gigantisches Wortspiel, bin wieder mal beeindruckt von mir, aber bitte, nicht weitersagen, ich möchte noch bis zum Ende dieser Geschichte so tun, als ob ich bescheiden wäre, also streiche ich den Satz, oder besser, ich bespreche ihn später mit meiner Lektorin, möglicherweise ist sie der Meinung, dass er doch eine ironische Brechung bezeugt, insofern dies wiederum dann eine Art Verfremdungseffekt sei – also, ich lass ihn erst mal so stehen, wie er steht.

So ein Narzist hat es nicht leicht, immer wieder rutscht er auf seinem Spiegelbild aus und weiß dann nicht mehr, was er sagen und schreiben wollte.

So geht es mir nicht, ich bin fest davon überzeugt zu wissen, wie es weitergeht, nämlich folgendermaßen … folgendermaßen … folgendermaßen …

Auweia, nun habe ich einen eklatanten Fehler gemacht: Ich schreibe oben von Hitze und Mond und jetzt regnet es, wie kann das sein? Ist das ein Fehler des undichten Dichters, hat er sich im Dickicht seiner überbordenden Fantasie verlaufen oder ist das sein konzises Konzept? Dekonstruktion, Zertrümmerung der Erzählstrukturen aus dem 19. Jahrhundert? Fehler zeugen von Authentizität!

Wie auch immer, ich hoffe, die geneigten Leser merken es nicht sofort, dass ich absolut keine Ahnung habe, wie es weitergeht, sondern es fällt erst später auf, wenn ich die Insel hinter mir gelassen habe und wieder mit meinem Freund Sancho und meiner Freundin Rosinante durch die Extreme der Extremadura wandere, immer auf der Suche nach Wind und einer guten Geschichte.

EXPOSÉ ZU EINEM DREHBUCH ÜBER TOMÁS DE TORQUEMEDA (MIT WERBEBLÖCKEN FÜR YOO-WIN-KOSMETIK)

VON DON MIQUEL AVOCATO DE NOGAL-MAYER

E-Shot auf eine hochherrschaftliche Finca inmitten des Tramuntanagebirges auf Mallorca.

Voice over (Christian Brückner)

Mitte Juli im Jahre des Herrn 1480. Mörderische Hitze hält die Mittelmeerinsel Mallorca gefangen.

Im Schatten einer Kiefer schaukelt in einer Hängematte der Großinquisitor Tomás Torquemeda und sinniert vor sich hin:

Kamera fährt von oben (Drohne) in den Garten der Finca,
Groß auf Torquemeda

»Endlich ein paar Tage Urlaub. Das Hexenverheizen macht bei der Hitze keinen Spaß. Und gestern auch noch Königin Isabella zur Beichte. Diese neurotische Tante hört gar nicht mehr auf zu reden und ich muss im Schweiße meines Angesichts so tun, als ob ich ihr zuhöre … Na gut, soll sie zehnmal auf Knien durch den Escorial rutschen, dann Absolution und Feierabend: und endlich Urlaub auf Mallorca. Blöde nur, dass der El Greco morgen zum Porträtmalen kommt. Soll ich es absagen? Kommt nicht infrage, es ist demütigend, dass der Kardinalinquisitor Don Fernando Niño de Guevara vor mir im Prado hängt, ich meine natürlich das Bild, apropos hängen … hmm. Könnte man diesem Intriganten nicht …«, Tomas lächelt wölfisch vor sich hin,

Die Kamera fährt langsam auf seine schwarzen Knopfaugen, sie glühen wie Kohlen
(für die Rolle Daniel Day-Lewis anfragen)

»… diesem kleinkarierten Intriganten Don Fernando was anhängen? Der redet wenig, das ist verdächtig, bestimmt lässt er sich nichts zu Schulden kommen! Das sind die schlimmsten Ketzer, äußerst verdächtige Kreaturen! Hmmm, sicherlich ist er der Elendste aller Häretiker, nämlich fanatisch unschuldig. Ha! Der gehört auf den Scheiterhaufen! Jawohl!«

Tomás greift sich ein blinkendes Obstmesser mit Perlmuttgriff und eine dunkelrote Blutorange. Er beginnt sie mit präziser Akkuratesse zu schälen.

Man kann sich vorstellen, wie er einem Delinquenten unter der Folter die Haut abzieht.

Kamera groß auf seine schlanken, sehr gepflegten Hände mit polierten Fingernägeln. (Evtl. Handdouble für D. Day-Lewis*)*

ACHTUNG! HIER WERBUNG!

»Damit Ihre Hände Sie nicht im Stich lassen! Lindern Sie trockene und rissige Haut an den Händen, damit sie sich wieder sanft und angenehm anfühlen.

*Starke Pflege für sanfte Hände. Du bist auf der Suche nach einer schnellen Lösung für trockene Hände? Hand Lotion von **Yoo-Win** ist eine leichte Handpflegelotion, die schnell in die Haut einzieht und für einmalig gepflegte Hände sorgt. Die Haut fühlt sich wunderbar geschmeidig und glatt an. Großzügig auf die Hände auftragen, vor allem auf stark beanspruchte Fingerknöchel und Handgelenke.«*

ZURÜCK ZUR SPIELSZENE:

Torquemeda rappelt sich aus der Hängematte. Man sieht seine schicken schwarzen Badeshorts mit Friedenstaube hinten aufgestickt, ein schwarzes Kreuz mit silbernem Jesus baumelt um seinen Hals. Er geht gemessenen Schritts zu einem Tischchen und greift sich einen Handspiegel, der wie eine Monstranz aussieht.

Bitte berühmte Spiegelszenen studieren! (»Blow up«, »Taxidriver«, »Schneewittchen«, Fassbinder, Uli Stark: »Tatort«)

Er betrachtet sich nachdenklich. Zupft zwei Haare aus dem Haarkranz um seinen Kopf.

»Da muss was gemacht werden. Zwei graue Haare, geht nicht, und dieser El Greco malt sehr genau. Vielleicht sollte man den, wenn er zu viel graue Haare malt, auch …? Verbrennen? Apropos, so was Unangenehmes, hab einen Sonnenbrand auf dem Kopf.« Seine rasierte Glatze leuchtet rot wie eine Ampel.

WERBUNG

»Zu viel Sonne kann zu unerwünschten Folgen führen. Bewahren Sie eine jung aussehende Haut nach ausgiebigem Sonnenbad mit ***Yoo-Win*** *Sunlite 50. Mit den besonderen Inhaltsstoffen:*
Astaxantin (Halmatococcus pluvialis Extrakt),
Physalis angulata Extrakt,
Aloe vera, Bisabolol, Panthenol.«

WIEDER SPIELSZENE:

Der Großinquisitor betrachtet sich immer sorgenvoller im Spiegel. Zupft an den Augenbrauen, blickt des Öfteren auf die Glatze, zieht eine Schnute, reißt die Augen auf. Zerrt ein Haar aus der Nase, worauf er niesen muss. Dann stellt er den Spiegel auf ein Tischchen, auf welchem ein Buch liegt.

Kamera wischt mit einem Schwenk darüber, dass man kurz den Titel erkennen kann:

'*DAS UNHEIMLICHE.* Von Siegmund Freud. Theorien zum primären Narzissmus, bei dem das eigene Ich ein Liebesobjekt darstellt.'

Auf einmal erscheint im Spiegel ein Gesicht.

(Kamera bitte: Talking Head!)

Ein alter Mann mit schulterlangen weißen Haaren und einem weißen knielangen Bart. Er hat einen gütigen und gleichzeitig strengen Gesichtsausdruck.

Es muss der liebe Gott sein

(bitte Robert de Niro anfragen oder Dieter Hallervorden).

»Loquerisne linguam latinam?« (Sprechen Sie Latein?)

Verdutzt antwortet Torquemeda mit einem Standardsatz.

»Ita, Pater optime.« (Ja, gütiger Vater)

Gott spricht bedächtig und eindringlich

(vielleicht doch lieber Axel Milberg anfragen):

»Qidquid agis prudenter agas et respice finem.« (Was du tust, tue es weise und bedenke das Ende.)

Tomás ist verwirrt, er überwindet jedoch den kurzen Moment der Unsicherheit, baut sich auf wie ein Torero vor dem Stier und sagt:

»Redest du mit mir? Du laberst mich an? Du laberst mich an? Kann das sein, dass du mich meinst? Du redest mit mir? Ich bin der Einzige, der hier ist. Mit wem kannst du Arsch in diesem Ton reden?«

Da zerspringt der Spiegel mit einem Knall, die Scherben fliegen ihm um die Ohren. Nun steht der große Inquisitor ohne Gott da.

Er reagiert mit unbeschreiblicher Arroganz. Die glühenden schwarzen Augen verwandeln sich in graublaue Knöpfe und mit eisiger Miene zündet er sich eine Zigarre an.

(Das Anzünden sollte mit ähnlicher Akkuratesse gespielt werden wie das Schälen der Orange)

Genüsslich pafft er den Rauch in die Luft.

Kamera geht auf die Rauchwolke, die immer größer und dichter wird.

(Trickfilmabteilung der Bavaria reanimieren)

Dann wieder auf Tomás.

Er schaut verträumt der Rauchwolke hinterher und *lächelt aasig.*

»Alles gut gemacht, bisher. Beim Traummanntraining mit meiner Muse Prädikat wertvoll bekommen. Nun kann ich beruhigt zur Porträtsitzung mit El Greco gehen.«

Er lacht laut auf: *»Dann dieser … dieser … Provinzpriester aus Valladolid … hab den Namen vergessen, der hat tatsächlich geglaubt, nachweisen zu können, dass ich eine jüdische Großmutter hätte.«*

Er zieht genüsslich an der Zigarre,

(wieder Kamera groß die Rauchwolke).

»Wie der gekreischt hat, als meine Lieblingsziege Cecilia ihm das Salz von den Fußsohlen geleckt hat. Großartige Foltermethode, von den Mauren übernommen. Zu irgendwas müssen diese schwarzen Ungläubigen ja gut sein. Wie der geschrien hat, als er widerrufen hat.«

Er beginnt zu summen, eine Rock-'n'-Roll-Nummer. Reißt sich die Badehose herunter und ruft in die zikadengeschwängerte Sommerluft: *»Traummann! Ich bin ein Traummann! Danke Muse! Danke* ***Yoo-Win****!«*

Mit der Zigarre in der Hand fängt er an, mit seinem Schatten zu tanzen.

(Achtung Trickabteilung, Rock 'n' Roll mit dem Schatten)

Er singt wie Elvis: *»Bop bopa-a-lu-bop a whop bam boo …«*

Hält inne, überlegt.

»Bop? Pop? Pap? Papa? – Papst!!!!«

Jetzt tanzt er wild: *»Ich werde Papst! Bopapapst! Bamboopapst!«*

Er segnet seinen Schatten, spielt mit ihm, grüßt ihn.

Schüttelt wie ein Verrückter den Kopf, da fliegt das Kreuz, das er noch um den Hals hatte, davon und bleibt auf dem Ohr eines Esels hängen, der ihn stoisch vom Zaun aus beobachtet.

Plötzlich bewegt sich sein Schatten nicht mehr. Er verharrt einfach als Silhouette an der Steinwand.

(Jetzt Kamerasplitting auf Schatten und Torquemeda)

Tomás schaut konsterniert, springt nach links, schaut … springt nach rechts, schaut … der Schatten bewegt sich nicht.

Er fällt auf die Knie, krabbelt vor und zurück, schaut … der Schatten bleibt unbeweglich.

Torquemeda läuft ans Ende der Terrasse, schaut …

Sein Schatten hat sich nicht mit ihm bewegt.

Er wirft keinen Schatten mehr, obwohl die Sonne vom blitzblauen Himmel heruntersticht.

Mit einem bestialischen Schrei stürzt er sich auf seinen starren Schatten an der Wand.

Dieser nimmt ihm seelenruhig die Zigarre aus dem Mund und wirft sie in den Pinienwald.

Mit einem unheilvollen Zischen lodert sofort Feuer hoch, Tomás versucht verzweifelt, es mit seiner Badehose auszuschlagen.

Das Feuer greift in Sekundenschnelle das Haus an, frisst sich blitzschnell durch die trockene Landschaft.

Die Flammen schlagen über dem Großinquisitor zusammen.

(Jetzt die Kamera langsam sehr weit nach oben, bis in die Atmosphäre. Man erkennt, wie Spanien in Flammen aufgeht)

Die Off-Stimme *(vielleicht doch eher Rufus Beck)* spricht:
Yoo win *or not* ***Yoo win*** *that's the question*

DER SPANISCHE KÖNIG DINIERT MIT RAPUNZEL

Das glaubt mir kein Mensch!

Aber ich muss die Geschichte aufschreiben, egal, ob sie Beachtung in der Öffentlichkeit findet oder nicht. Egal, ob das Manuskript einen Verleger findet oder nicht. Wenn nicht, was dann? Vielleicht finden es meine Nachfahren – habe zwar keine, aber die Vorstellung, eine erkleckliche Nachkommenschaft zu hinterlassen, fasziniert mich – dass meine nichtvorhandenen Nachfahren und Epigonen, Erbschleicher und Enkel, die ich nicht habe, und auch adoptierte Chinesenkinder, die ich nicht habe, dass also diese illustre Gesellschaft meine Schriften findet, erregt mich über die Maßen.

Wo werden sie die Niederschrift finden? In einem Geheimfach von meinem Mahagonischreibtisch? Werden diese Aufzeichnungen das Bild in der Öffentlichkeit über mich posthum revidieren? Wird die Geschichte der Weltliteratur umgeschrieben? Wird die Geschichte der Baleareninsel Mallorca umgeschrieben? Mit Sicherheit! Aber genug, ihr wollt wissen, worum es überhaupt geht, was dieses pataphysische Geschwurbel soll? Gemach, nicht so ungeduldig … jetzt fällt mir kein konsekutiver Nebensatz mehr ein, also muss ich wohl mit der Geschichte beginnen:

Es ist drei Uhr morgens, mir ist kalt in meiner kalten Zelle, obwohl es vermeintlich auf Mallorca immer warm ist.

Unsinn, hier kann es im Winter empfindlich kalt sein, vor allem im Gefängnis. Es wird so gut wie gar nicht geheizt.

Ihr könnt meine gemütliche Behausung sehen, wenn ihr auf der Autobahn zu euren zahllosen überteuerten Villen steuert, wo untreue, willenlose Gemahlinnen warten, oder wenn ihr zu euren windigen Fincas fahrt, wo polnische Putzfrauen und ukrainische Arbeiter heimwehkrank das Anwesen in Schuss halten.

Kurz vor der Ausfahrt nach Valldemossa, die Häuser mit den blauen Dächern, drumherum hohe Stacheldrahtzäune, das ist der Knast. Das Etablissement im zweiten Stock ganz links, da sitze ich ein in Untersuchungshaft, seit ... hab's vergessen.

Endlich einmal habe ich ein paar Minuten geschlafen, da pfeift plötzlich der Wind durch die Gitterstäbe.

Er erscheint wieder. Der Gott der Winde.

Als blau flackerndes Flämmchen schwebt er zitternd vor mir. Der blöde Kerl weckt mich und kräht mit seiner hohen Krächzstimme: »So wahr ich Behemoth Jesus Maldoror heiße. Gib endlich zu, dass du nichts zum Zugeben hast. Schau meinen vermaledeiten Namen an: Maldoror, vermaledeit, was steckt darin? Mal! Und was heißt das, du widerborstiger Idiot? Ja, ›mal‹ das heißt schlecht, malus. Und du bist schlecht, weil du dich und mich und die ganze Welt hinters Licht führst. Und nur weil diese Silbe in dem Wort Mallorca steckt, musst du dich nicht so mies benehmen, wie all die gesellschaftsschädigenden Psychopathen hier auf der Insel ...«

»Sorry, ich versteh kein Wort, Behemoth. Was soll diese maßlose, unfaire Beschimpfung? Was willst du mir sagen, um drei Uhr früh?«

»Ich will sagen, dass diese Insel verflucht ist, nur ist es niemandem bewusst. Und keiner kommt auf die Wahrheit, die in dem Inselnamen steckt, ›Mal‹ ist gleich ›das Böse‹. Und die Krönung von allem bist du.

Du Gipfel des Absurden, du Krone des Surrealen, du Meisterstück des Dadaismus.

Ja, du. Dich meine ich.

Du tust so, als ob du die Wahrheit gesagt hättest, als ob du das Böse verkörpertest. Ich weiß, dass du gelogen hast, denn deine Bosheit besteht darin, nicht böse zu sein, du bist eine reine Seele. Das ist das Mieseste überhaupt, das denkbar Charakterloseste, nämlich, die reine Unschuld darstellen, aber aller Welt weismachen, dass man schuldig ist. Du hast kein Recht, dich böse zu nennen. Das wäre surreal und idiotisch. So was kann nur hier auf dieser Insel passieren, wo ohnehin vieles verdreht und absurd erscheint.«

»Himmel, was redest du für ein Zeug, Pumuckl? Verzeihung, Behemoth Jesus? Du willst auf irgendetwas hinaus. Schieß los!«

»Schießen, gutes Stichwort. Du kannst keiner Fliege was zuleide tun, du könntest der Sohn von Mahatma Gandhi und Mutter Theresa sein, aber du erzählst aller Welt, dass du den König erschossen hast.«

»Hab ich auch. Warum glaubst du mir nicht? Alle Welt glaubt mir, nur du nicht. Und ich habe ein Geständnis abgelegt, das bei der Gerichtsverhandlung hoffentlich gegen mich verwendet wird. Und ist der König nicht tot?«

»Ja, aber er ist an einer Fischgräte erstickt, im Turmzimmer von Rapunzel beim Abendessen mit ihr. Ein Haar von ihrem Zopf ist ihm ins Aug geflogen, das hat ihn so irritiert, dass er nicht mehr drauf geachtet hat, was er isst, obwohl sein Leibarzt, Dr. Dr. Domenico Alfonso Guillermo de Isturia y Clavicordia, ihm geraten hat, nicht unachtsam beim Essen zu sein, vor allem wenn er mit Rapunzel diniert. Das war dann doch vorauszusehen, dass er an einer Gräte erstickt, das lag wohl in der Luft.

Und nun kommt der Clou. Das Esszimmer in dem Turm ist kreisrund verschlossen, selbst wenn du gewollt hättest, selbst wenn du so ein verwegener Attentäter wie der Kennedymörder wärest, du hättest ihn gar nicht sehen können, geschweige denn erschießen.«

»Was redest du? Vier Gutachter haben bestätigt, dass ich es war, der ihn getötet hat. Als er sich am Zopf von Rapunzel abseilen wollte, traf ich ihn mit einem Schuss aus einem 25 Millimeter Smith and Kochler Sturm- und Dranggewehr mit Ziel- und Startfernrohr und einem sich selbst auflösenden Schrapnellgeschoss. Du bist bloß neidisch, weil du selbst das Böse verkörpern möchtest, aber noch nie etwas in der Richtung zustande gebracht hast.«

Da überkam das blaue Wesen ein Tobsuchtsanfall. Habt ihr so was schon einmal erlebt? Wenn es nicht so lustig gewesen wäre, hätte man nicht drüber lachen können. Jetzt hab ich etwas verwechselt mit der doppelten Verneinung, sorry.

Jedenfalls zischte Behemoth wie eine alte, unmotivierte Dampflokomotive, quietschte wie ein Güterzug bei einer Notbremsung, knirschte wie ein Kreuzfahrtschiff, das ungebremst am Kai entlangschrabbt. Er piepte in höchsten Tönen wie eine Diskantgambe und rauschte von Wand zu Wand wie eine wild gewordene Kugel im Flipperautomat.

Dann schwebte er in Zeitlupengeschwindigkeit unter die feuchte Decke, bekam eine tiefe hallende Stimme und setzte an zu einem Monolog:

»Mein Name bedeutet ›Sonne des Bösen‹, Maldoror, und diese Sonne findet sich in diesem Gefängnis wieder, gestrandet unter der ihm verhassten Menschheit, der er ihre eigene Schlechtigkeit vor Augen führen will. Vor allem deine Schlechtigkeit und

Wurstigkeit muss ich anprangern, denn du hast gelogen und betrogen, weil du glaubst, Böses getan zu haben, das Schlimmste getan zu haben, unseren König ermordet getan zu haben, aber nix da, denn du bist eine reine Seele, du hast nichts Böses getan.«

Ich musste grinsen über diese Vorstellung. Ich wusste genau, woher diese Worte stammen, nämlich aus den »Gesängen des Maldoror« des französischen Surrealisten Lautréamont. Diese Situation fing an, mir Spaß zu machen, also ließ ich ihn noch an der Decke zappeln, mit seiner Stimme wie aus einem Zeichentrickfilm.

»Grins nicht, du nichtswürdige Nähmaschine!

Aber ich, ich bin die Inkarnation des Bösen. Bei meinem Namen erzittern die himmlischen Heerscharen; und mehr als einer erzählt, dass Satan selbst nicht so schrecklich sei. Meine Poesie wird aus einem einzigen Angriff bestehen, geführt mit allen Mitteln gegen den Menschen, diese reißende Bestie, wie auch gegen den Schöpfer, der solch ein Ungeziefer niemals hätte erschaffen dürfen …«

Hinter dem Meer dämmerte ein leichter Morgenschimmer herauf. Das fahle Licht wärmte mich ein bisschen.

Plötzlich blähte sich das blaue Wesen mit einem Zischen auf und füllte die Zelle bis in die hinterste Ecke aus. Ich spürte am ganzen Körper, wie auch ich mich verwandelte. Ungewollt fing ich mit hohler Stimme an zu sprechen:

»Gebe der Himmel, dass der Leser, erkühnt und augenblicklich von grausamer Lust gepackt gleich dem, was er liest, seinen abrupten und wilden Weg durch die trostlosen Sümpfe dieser finstren und gifterfüllten Seiten finde, ohne die Richtung zu verlieren …«

»Ängste, Wirrnisse, Entwürdigungen …«, rief das blaue Wesen und ich übernahm diese Rede und fuhr fort:

»Herrschaft der Ausnahme und des Absonderlichen, ich habe das Gelübde abgelegt, den Schöpfer zu überwinden, Böses zu tun, um das Böse zu vernichten, Verbrechen zu begehen, um das Verbrechen aufzuheben. Ja, ich habe den König getötet, damit niemand mehr den König töten kann.«

Da fiel Es ein:

»Du Mensch, sieh es endlich ein, du hast niemanden getötet, das Verbrechen kann man nicht aufheben. Aber der Mensch wird es nie lernen. Er muss töten, aber es hat keinen Sinn, glaube nicht, dass dahinter ein größerer Gedanke steckt. Glaube nicht, dass dahinter ein tieferer Sinn steckt. Der Mensch muss wie ein luziferischer Schatten durch den Tag streichen. Er trifft auf Tod und Schrecken, bei dem das Lebendige tot, das Anorganische lebendig wird. Der Mensch muss unmotiviert töten! Nur du nicht, du sitzt völlig umsonst und unmotiviert hier in diesem Balearenknast. Welches Motiv hättest du, den König zu erschießen?«

Da bemerkte ich einen rotgetigerten Kater mit einem abgerissenen Ohr, der auf meinem Fenstersims vor den Gittern saß. Das holte mich in die Realität zurück. Er leckte sich die Pfoten und rief in die Zelle:

»Du bist betrunken wie eine Wanze, die während der Nacht drei Tonnen Blut geschluckt hat!«

»Misch dich nicht ein, du nichtswürdiger Ratterkater! Auch du wirst vernichtet, so wahr ich Behemoth Jesus Maldoror heiße.«

»Du, du bist Garnichts, du bist nicht mal jene Laus, die nur dem Werk der Vernichtung lebt, du bist ganz und gar nicht der Skarabäus, der die Überreste der getöteten Geliebten vor sich herschiebt.«

Mir stand der Mund offen, interessantes Gespräch.

»Und ich weiß auch, wie du wirklich heißt«, fuhr der Kater fort, »du heißt nicht Lautréamont oder Alfred Jarry oder Albert Camus, ja, du darfst dich nicht mal Schicklgruber nennen, nein, du heißt …«

Da fing das blaue Licht an zu zittern.

Eine Träne rann an einem seidenen Faden von der Neonlampe herab und das Wesen wimmerte:

»Nicht verraten! Du bist gemein, du bist so böse …«

»Dein Name ist Isidor Müller-Kleeken, und das ist alles.«

Maunzend trabte der Kater in die aufgehende Wintersonne zu einer seiner mannigfachen Geliebten.

Das Blaue war verschwunden, als ob es nie da gewesen wäre.

Ich wurde freigesprochen, leider konnte mir nichts nachgewiesen werden, denn der König lebte lebendig und fröhlich in seinem Palast in Madrid.

Böse Zungen berichten, dass er nie mehr bei Rapunzel zum Fischessen empfangen wurde.

VOLLMONDNACHT

Der Mond steht hell, fett, voll und schwelgerisch über einem kleinen, malerischen mallorquinischen Dorf. Er beleuchtet eine Hängematte, die matt unter einer Palme hängt. In der Kuhle erkennt er den Abdruck einer Person, die bis vor Kurzem darin gelegen hat.

Der Mond kann Spuren und Gedanken lesen und so weiß er, wie dieser Mensch aussieht, was er denkt und fühlt.

Ein schwieriger Charakter, dieser Mann. Was das heißt?

Der Mensch grübelt oft über sein Leben und sein Dasein, dann zweifelt er an sämtlichen vernünftigen Lösungen und Ergebnissen. Er ist innerlich zerrissen, launisch und unberechenbar. Ein unzufriedener Mensch, gescheitert und ratlos.

Ein Mann taumelt am Abgrund entlang.

Der Mond erschaudert ob dieser geballten Ladung von Perspektivlosigkeit.

»Ist es tatsächlich so schlecht bestellt um diesen Kerl?«, denkt der Planet, als er neugierig die Hängematte von allen Seiten beäugt.

Oh ja, die Kuhle wirkt ungemein traurig, muffelt nach Depression.

Die Spuren zeigen zweifelsfrei, dass dieser Mann über seine Selbstentleibung nachgedacht hat:

Von welchem Felsen er springen würde,

wie viele Giftkirschen er essen müsste,

welches Tau er sich um den Hals schlingen soll, das sein Schwergewicht halten würde,

welches Benzin am schnellsten brennt,

ob es eine U-Bahn gibt, vor die er sich werfen kann,

ob er sich vom Dorfschmied ein Harakiri-Schwert machen lässt (nicht zu teuer) ...

»Du lieber Gott ...«, stöhnt der Mond, als er die Gedanken aus der Matte liest. Worauf der neben ihm liegende, sein Nachtmahl verzehrende, Liebe Gott schäbig grient und seufzt: »Ach nein, schon wieder ein Selbstmörder. Ich will jetzt in Ruhe essen.«

Darauf ruft der Mond: »Dem Mann muss geholfen werden!«

Er schreitet selbst zur Tat, denn er weiß, auf diesen Gott kann man sich nicht immer verlassen.

Und er greift einen seiner silbrigen Strahlen, knetet, walkt, dreht, drechselt und zwirbelt ihn, bis er sich eine mondscheinsilbrige, glänzende Flöte geformt hat.

Diesen Flötenmondstrahl lässt er langsam und behutsam durch den verwunschenen Fincagarten wandern, der um die Hängematte herum wuchert. Vorsichtig tänzelt er über die uralte Trockenmauer, die hinter dem Haus das Nachbargrundstück begrenzt. Jetzt die Hausfassade empor bis zu dem offenen Schlafzimmerfenster.

Gott sei Dank ... (dieses Wort mag ER, der Herr, gern und deshalb nimmt er schnorchelnd noch einen Extrabissen seines üppigen Abendmahls) ... Gott sei Dank ist das Fenster geöffnet, denn sonst könnte der Mond nicht ohne Weiteres das tun, was er vorhat.

Doch beinahe scheitert das Rettungsunternehmen, denn eine Kaktusblüte, die sich in dieser verzauberten Nacht öffnet, zieht den Mondflötenstrahl magisch an. Sie verströmt einen so betäubenden verführerischen, Duft, dass alle Wesen, die sich ihr nähern, verhext werden, auch der Mond. Als er nämlich das Bukett spürt, bekommt er Schluckauf vor Aufregung, verliebt sich in den Kaktus, und pardauz, beinahe hätte er die Strahlmondflöte verbogen. Herr Luna hält inne, schwänzelt um die Blüte, verstärkt sein Licht, wackelt hin und her, dass man es bis zur russischen Raketenstation im Ural mitbekommt und vor Schreck die Marsexpedition abbläst, aber das ist eine andere Geschichte.

Unser Freund vergisst betört den Anlass für seinen Besuch auf der Finca des ach so schwierigen Menschen.

Gott sei Dank (!) hat der Liebe Gott sein Mahl beendet. Er wäscht sich die Hände in der Milchstraße und beobachtet amüsiert das seltsame Verhalten von Herrn Luna. Der wollte doch den Schwermütigen heilen und nicht den Berauschten spielen.

So legt ihm der Liebe Gott den Finger in den großen Krater, ja, der, in welchem damals der erste Mensch gelandet ist. Aber Gott berührt den Mond nur kurz, damit die Erdenmenschen nicht gleich wieder meinen, es sei eine Mondfinsternis und alle in die Kirchen rennen vor Angst und ihn um Hilfe bitten. Denn darauf hat Gott seit einigen Jahren keine Lust mehr. Sie tun ja doch, was sie wollen, vor allem mit Vorliebe den Nächsten bescheißen, Andersdenkende massakrieren, Geld und Gut aufhäufen, bis sie nicht mehr atmen können, sterben müssen sie doch. Nein, er lässt sie mal eine Weile allein.

Also, was soll's. Aber hier, heute Nacht, dieses Spiel des Mondes mit der Flöte, das gefällt dem Lieben Gott.

Als der Mond den Finger Gottes spürt, hört der Schluckauf des Blütentrunkenen auf, er besinnt sich auf sein Vorhaben und wandert weiter.

Mit dem Flötenmondstrahl kitzelt er einen wohlig grunzenden Gecko am Bauch und fächelt einer schlafenden Hibiskusblüte Luft zu. Übermütig wickelt er den Strahl um die spitzen Stacheln einer Agave und drückt leicht zu, um zu testen, wie schmerzempfindlich er ist. Die Agave allerdings mag das gar nicht und wehrt sich, sodass ein Flötenmondstrahlblutstropfen auf die Erde fällt. Er erstarrt augenblicklich zu einem fingernagelgroßen Rubinstein. Dieser Edelstein wird in späteren Jahren noch eine große Rolle auf der Finca spielen, nämlich wenn die Fincabesitzerin das wertvolle Stück vererben will, er aber dann nicht mehr zu finden sein wird. Ob es deswegen ein schreckliches Familiendrama geben wird, weiß man noch nicht, aber auch das ist eine andere Geschichte.

Der Mond jedoch stößt einen Schmerzensschrei aus und dem Lieben Gott entfährt vor Schreck ein Gottesfurz, sodass viele auf der Insel denken, es käme endlich das heiß ersehnte Gewitter, aber, nun ja, nur wir wissen, dass es keines war.

Nun muss der Mond sich sputen, denn bald wird die Morgendämmerung seiner Mission ein Ende setzen. Er führt den Mondflötenstrahl von der frisch gekalkten Wand über die mediterran blau gestrichenen Fensterläden bis in das Schlafzimmer. Mit einem leichten Ruck schiebt er ihn durch das Moskitonetz und – hast du nicht gesehen – er landet auf dem nackten Bauch einer lasziv hingestreckt schlafenden Frau. Der Liebe Gott wird rot, worauf der Schäfer des Dorfes verwirrt seinen Hund weckt, denn er hält es für die zu früh einsetzende Morgendämmerung. Doch Sancho, der alte Schäferhund, Freund und Hüter der Schafe, lässt sich nicht ins Bockshorn jagen. Er spürt, dass sie noch eine Weile schlafen können, jault kurz auf und rollt sich wieder auf seinem Lager zusammen.

Man muss übrigens sagen, dass dieser Liebe Gott recht keusch und prüde ist, was seinen griechischen Kollegen Zeus immer wieder zu zotigen Sottisen hinreißen lässt, wenn sie sich zu einem Götterdämmerungsschoppen treffen.

Die Flöte zittert und streckt sich und wandert lüstern über die keck lugende Brust der Frau zu ihrem einladenden Schamhügel. Soeben der erregende Duft der Kaktusblüte und jetzt dieser erotische Anblick ... der Mond muss sich, das heißt die Flöte, gewaltsam daran erinnern, dass sie unterwegs sind, einem Mann das Leben zu retten und ihn aus seinen selbst gebauten Mauern zu befreien.

Vorsichtig tastet sich Herr Luna an den Mann heran, der neben der Schönen schläft. Er lässt den Strahl über die erstaunlich zierlichen Füße des großen schweren Mannes gleiten, die aus der leichten Sommerseidendecke hervorspitzen. Die etwas schmutzigen, langen Zehennägel zeigen in die Kniekehlen seiner nackten Frau. Bis zur Hüfte ist der Mann bedeckt, und so kann der Mond einen zur Seite hängenden, behaarten Bauch erkennen, der auf einen hohen Konsum von Bier, Fleisch und Ensaimadas schließen lässt. Das Doppelkinn, durch den geöffneten Mund zusammengedrückt, verstärkt diesen Eindruck. Interessiert betrachtet nun der Mond den ausgeprägten Cäsarenkopf und die sinnlichen Lippen. Die Augen liegen tief in den Höhlen, bedeckt von geschwungenen, femininen Wimpern. Augenbrauen wie Drahtbürsten begrenzen eine tiefgefurchte, verspannte Stirn. Ohrmuscheln, die ähnlich wie die Füße eine höhere Sensibilität verraten, als es dieses schnorchelnde Nilpferd ahnen lässt.

Jetzt leistet sich der Mond einen kleinen Scherz, indem er behutsam wie ein geübter Chirurg den Strahl in ein von schwarzen Haaren umsäumtes Nasenloch schiebt. Beinahe muss der Mann niesen. Er wälzt sich leise röchelnd auf die andere Seite, aber der Strahl verharrt in der Nase. Mit jedem Ausatmen gibt der Schläfer durch die Flöte ein gurgelndes Geräusch von sich. Seine Finger wachsen, werden länger und legen sich um die Flötenlöcher. Ein tiefer warmer Ton erfüllt die Nacht und der Mann fängt an zu schweben. Seine Gefährtin wird unruhig, greift neben sich, packt das flatternde Seidentuch und entblößt dabei den Mann vollständig. Mit einem leisen Seufzer schiebt sie es sich zwischen die, wie von Michelangelo gemeißelt, schönen Schenkel, wickelt es um ihren Leib und schläft weiter.

Der Liebe Gott schenkt sich lächelnd das dritte Glas Rotwein ein.

Der Nackte fliegt zu den Sternen. Ein heulender Flötenton hallt vom Firmament wider und verbreitet sich als ein reiner Dur-Akkord immer leiser werdend bis an die letzten Grenzen der Galaxien. Endlich entspannen sich die Gesichtszüge unseres Freundes. Er lächelt, der rasende Flug durchs Weltall behagt ihm. Jetzt lacht er laut. Mehr Musik! Ich will mehr Musik! Er gibt einem winzigen, vorbeiflitzenden Kometen einen Kick mit dem Fuß, sodass der Schweif des Himmelskörpers zittert. Zu dem Dur-Akkord gesellt sich ein gläsernes Harfen-Arpeggio. Da erhellt sich das Gesicht unseres Freundes noch mehr und er tippt mit seinen langen Fingern, die wie riesige Trommelstöcke aussehen, an den obersten Stern des Orion. Sofort verwandelt der sich in eine kosmische Rumbarassel. Einige Fixsterne lösen sich aus ihrer Erstarrung und fangen an, Samba zu tanzen, die Andromedanebel wickeln sich wie Kastagnetten um die Finger des Mannes und klackern den Himmelsflamenco, begleitet vom großen Bären an der singenden E-Gitarre. Einige Milchstraßen rotten sich zusammen und grooven einen wilden Bläsersatz dazu. Der große Wagen zupft den Kontrabass, der kleine Wagen bläst Sopransaxofon.

Es schüttelt und rüttelt
Es trötet und flötet
Es tütet und tutet
Es rumbatet und sambatet
Walzer links
Walzer rechts
Marsch oben Rock 'n' Roll unten
Zwiefacher und Cha-Cha-Cha
Und ein großes Menuett

Unser Freund lacht und schwoft durch das Universum, er lacht und lacht und lacht. Außer ein paar Ratten, die prophylaktisch ein seelenruhig vor sich hin tuckerndes Schiff verließen, bekommt auf Erden niemand etwas mit.

Allerdings fängt der Mond an, sich Sorgen zu machen. War er nicht zu weit gegangen, der Mensch ist ja völlig außer Rand und Band. Verzweifelt versucht er mit dem Lieben Gott Kontakt aufzunehmen, doch jener schläft selig seinen Rausch aus.

Die Sache droht aus dem Ruder zu laufen. Gott sei Dank (!) kommt vorsichtig die erste Morgendämmerung auf. Da schnappt sich unser Freund mit einem wilden Schrei den ersten Sonnenstrahl, verbiegt ihn zu einem goldenen Klöppel und schlägt ihn dem Mond auf die Nase. Der gewaltigste Gongschlag seit Bestehen des Universums ertönt. Der Mann wird von den Schallwellen herumgewirbelt und Saltos und Purzelbäume schlagend und Pirouetten drehend rast er zur Erde zurück, in Richtung Schlafzimmer. Er schürft sich die Schulter an dem schmalen

Schlafzimmerfenster auf, zerreißt das Moskitonetz und plumpst in das Bett.

Kosmische Stille.

Für eine Minute kräht kein Hahn, keine Zikade zirpt, kein Esel blökt, kein Hund bellt. Da richtet sich unser Held halb auf, seine rechte Hand tastet zärtlich über das entspannte Gesicht seiner schönen Frau, seine linke zupft an ihrem Ohr und er schnuppert glücklich an ihrem Haar. Golden flutet die Morgensonne das Zimmer.

Der Mond will noch einen Moment bleiben und lächelt, schon etwas fahl, vom Horizont herab.

Und der Liebe Gott? Der ist wieder fit, hat seinen Bart gekämmt und sieht etwas verschämt, aber mit Freuden, wie sich die rechte Hand des Mannes weitertastet, liebevoll, sanft, seine Frau atmet schneller und unser Freund tut etwas, was er lange, sehr lange, nicht mehr getan hat.

APOTHEOSE

Geronimo beginnt zu frösteln, obwohl das Feuer kräftig lodert. Im Januar kann es in Mallorquinischen Nächten beißend kalt sein. Er zieht seine Schaffellweste enger um die Schultern und reibt die Hände über den Flammen. Das weiche Mondlicht mischt sich mit dem Feuerschein, der auf dem Gesicht des müden Schäfers tanzt.

Geronimo prüft noch einmal, ob der Pferch gut verschlossen ist. Ein Schaf schmatzt im Schlaf. Ein Bock gibt leise hohe Töne von sich, er träumt von liebeshungrigen Heidschnucken.

Die Herde hat sich den Tag über unruhig verhalten. Immer wieder musste sie Negro, der schwarze Schäferhund, einkreisen und ihre Richtung ändern. Auch er lief nervöser als sonst hin und her.

Doch jetzt schläft er tief zu Füßen des jungen Schäfers.

Was war geschehen? Geronimo grübelt, ihm fällt kein Grund ein für das merkwürdige Verhalten der Tiere.

Er steckt sich nachdenklich eine Scheibe Sobrasada in den Mund, sie schmeckt ihm und gierig stopft er das nächste Stück hinterher.

Plötzlich zischt es im Feuer und Funken sprühen. Was war das? Eine Engelsträne? Eine sabbernde Möwe? Er blickt gedankenverloren zum sternensatten Nachthimmel.

Eine verspielte Wolke küsst die Wange des Mondes.

Geronimo kann das Brüten nicht lassen, obwohl ihm sein Freund Donato schon oft deswegen den Kopf gewaschen hat.

»Du bist ein Idiot. Denk nicht so viel nach. Mach es wie ich, arbeite in einer Autowerkstatt, da hast du dein Auskommen; es wird dir gesagt, was du zu tun hast und mit dem Lesen und Schreiben musst du dich auch nicht quälen. Und das Beste, du brauchst kein Schaf mehr, die Mädchen laufen dir nach.«

Obwohl Geronimo noch nie ein Schaf »gebraucht« hat, weiß er oft nicht wohin mit seinen Sehnsüchten, seinen Fantasien. Das martert ihn, vor allem in diesen endlosen Nächten allein unter dem bombastischen Sternenhimmel; dann bekommt er seinen Kopf nicht frei von unanständigen Gedanken an die halb nackten Touristinnen auf der Plaza in Andratx und obszöne Traumbilder von seiner Rosita verfolgen ihn.

Traurig lauscht er dem Chor der Zikaden. Eine fällt aus dem Takt, weil sie verträumt ein letztes Glühwürmchen beobachtet.

Eine schüchterne Taube raschelt in der nahen Pinie und gurrt verzweifelt um Liebe. Das lässt ihn an Onkel Ángel denken, wenn dieser mit seiner hohen Stimme zur Gitarre singt: »Cucurrucucu, Paloma …«

Geronimo greift sich das Jagdmesser, puhlt seine Fingernägel sauber. Ein sinnloses Unterfangen. Diese Hände, verarbeitet, schmutzig für ewig, diese Hände, mit Furchen wie auf einem Acker, die Adern wie Schnüre, gezeichnet vom Schafscheren, Wasserschleppen, Klauenschneiden, vom Zaunpfählen, von schwerer Arbeit in sengender Sonne.

Er denkt an seinen Kumpel Maxi. Der hat saubere Hände, der ist Künstler, Musiker. Er spielt seinen Dudelsack mit großer Leidenschaft, und mit noch größerer Leidenschaft ist er Baske. Was Geroni manchmal auf die Nerven geht.

Von ganz weit hinten in seiner Seele meldet sich wieder einmal ein unerfüllbarer Traum. Er möchte so gern Lesen und Schreiben können. Und das dann im Dorf den Kindern weitergeben …

Doch was ist jetzt los?

Geronimo spürt ein ziehendes Unbehagen in der Brust, das Messer in seiner Hand zittert. Das Feuer ist mit einem Schlag erloschen. Negro atmet flach und schneller. Kein Geräusch kommt mehr aus dem Pferch. Die Zikaden schweigen, die Sterne funkeln nicht mehr … absolute schwarze Stille.

Eine Mandelratte krabbelt hysterisch über seinen Fuß, Unterschenkel, Oberschenkel, seine Hüfte, Schulter – er reißt sie aus seinen verfilzten Haaren, wirft sie in hohem Bogen weit hinter sich. Als sie auf dem steinharten Feld aufschlägt, ertönt aus dem Erdinneren ein tiefes Röhren, wie von einem brunftigen Esel.

Wieder Stille.

Geronimos Herz schlägt hart gegen seine Rippen.

Was soll das bedeuten?

Plötzlich knistert es unter seinen Füßen.

Was kann das sein?

Warum zeigt Negro keine Reaktion?

Langsam wie ein Theatervorhang öffnet sich ein Spalt in der Erde vor ihm. Gesang von hohen Stimmen quillt herauf, Musik wie sie Geronimo noch nie vernommen hat.

Er versteht sie nicht, noch nicht.

Der Spalt öffnet sich immer weiter.

Da purzelt Negro hinein. Geronimo kann den Impuls, ihm nachzuspringen, gerade noch unterdrücken. Zitternd äugt er vorsichtig in den Krater. Nicht zu glauben. Der Hund hat Flügel bekommen, er flattert wie eine Fledermaus in die schwarze Tiefe – und verschwindet.

Panisch wendet sich Geronimo zum Pferch, das Gatter hat sich selbstständig geöffnet. Was passiert da? Die Schafe rennen direkt in den Abgrund, die gesamte Herde von dreißig Tieren ist in wenigen Augenblicken entschwunden.

Geronimo kann nicht fassen, was er sieht, denn jedes Tier hatte ein Lächeln im Gesicht.

Wieder späht er bangen Herzens in die Tiefe. Die Schafe schweben in Zeitlupe in die Schlucht hinunter, wobei sie glühen wie große Glühwürmchen, und auf einmal sind sie wie vom Erdboden verschluckt, im wahren Sinn des Wortes. Nur das winzige Glühwürmchen von vorhin schwebt ohne Ziel hin und her, als ob es seine Mutter sucht.

Ratlos steht Geronimo am Rand der Erdspalte. Was soll er machen? Soll er hineinspringen? Soll er weglaufen? Hilfe holen? Aber das glaubt ihm kein Mensch, Donato wird ihm die Freundschaft kündigen, Rosita wird wieder schlecht gelaunt sein und ihn anmaulen, seine Familie wird sich von ihm lossagen, weil er ins Irrenhaus von Santa Ponsa eingeliefert wird.

Hufgetrappel und das Schnauben eines Pferdes reißen ihn aus seinem angsterfüllten Grübeln.

Wer kommt da in der Dunkelheit angeritten? Er erkennt Señora Dulcinea Tobosa y Camacho, die Postbotin aus seinem Dorf. Sie ruft von Weitem: »Geroni, ein Brief für dich!«

»Aber ich kann gar nicht lesen, Señora.« Doch sie kommt lachend angesprengt, wirft ihm den Brief in die Arme und eh Geronimo sie warnen kann, springt sie mitsamt dem Pferd in den Abgrund.

Aber was ist das? Sie lacht laut, das Pferd wiehert fröhlich, sie sinken wie von Daunenfedern gehalten langsam nach unten und schon sind sie verschwunden.

Geroni zittert am ganzen Körper, er setzt sich langsam und vorsichtig an den Rand des Kraters, den Brief in der Hand. Was soll er damit anfangen? Er hat als kleiner Junge schon Schafe gehütet, noch nie musste er lesen und schreiben, aber seinen Namen kann er identifizieren und der steht eindeutig auf dem Kuvert »Sñr. Geronimo Miranda«.

Da flattert ein merkwürdiges Wesen aufgeregt vor ihm herum, ein Wiedehopf, genannt Puput. Er landet auf seiner Schulter und flüstert in sein Ohr: »Nicht erschrecken, Geroni, ich bin Don Abbi, ich komme aus der Geschichte ›Der Ursprung des Universums‹. Mein ganzer Name lautet Don Abarran y Abelardo Marqués de Pupol Duque de Puputuria Upupa y Arbolextremadura Desperativo Absurdelissime – aber meine Freunde nennen mich Don Abbi.

Mach das Kuvert auf, ich lese dir den Brief vor.«

»Werter Herr Geronimo,

ich bin Schriftsteller und habe diese Geschichte erfunden. Ich habe Sie dazu auserkoren, meinen Helden darzustellen. Warum ausgerechnet Sie? Ganz einfach, mir fiel niemand anderer ein. Außerdem mochte ich den ersten Satz Ihrer Geschichte gern, also, dass es Sie fröstelt, obwohl das Feuer lodert. Und, offen gestanden, ich mag Sie. Besser gesagt, ich habe die Ahnung, Sie mögen zu können, denn viel habe ich noch gar nicht von Ihnen erfahren. Ich weiß schon, jetzt wird der neunmalkluge Don Abbi meckern und sagen, dass ein verantwortungsvoller Schriftsteller sich vorbereitet, die Biografien der Personen gut kennt, bevor er sich ans Schreiben macht, aber ehrlich gesagt, ich war zu faul und dachte, ich schreib einfach drauf los. Also die große Frage an Sie: Haben Sie keine Frau?«

Don Abbi blickt Geronimo tief in das rechte Auge, während dieser nervös an seiner Fellweste nestelt und mit dem linken Auge in die abgrundtiefe Erdspalte schielt.

»Ähh, ja … Rosita! Mehr oder weniger. Aber Rosita ist böse auf mich. Sie sagt, sie will nicht mit einem zusammen sein, der nach Schafscheiße stinkt, ständig schmutzige Hände hat und nie zu Hause ist und … sie ist kürzlich mit Donatos Bruder Cecilio ausgegangen …«

»Ah, interessant«, flötet Don Abbi, »dann fahr ich jetzt mit dem Brief fort:

Gut, lieber Geroni, das hilft mir schon weiter. Gute Geschichten bestehen nämlich aus Konflikten und deinen Konflikt mit Rosita finde ich hochinteressant.«

Der junge Schäfer zieht beunruhigt die Stirn kraus.

»Zieh nicht die Stirn kraus, Geschichten ohne Konflikt interessieren niemanden. Ein schwedischer Schriftsteller hat dereinst einen Versuch unternommen und nur Geschichten von ›Glücklichen Menschen‹ geschrieben, das langweiligste Buch der Welt. Und jetzt werde ich akademisch …«

»Was?«

Don Abbi hilft: »Wissenschaftlich …«

»Ich bitte dich, Geroni, mit mir eine Reise zu machen.

Sie heißt in der Fachwelt: die **Heldenreise**. Denn alle großen Geschichten von der Ilias bis Harry Potter haben ein ähnliches Grundmuster. Der Held muss in die Welt hinaus, dort Abenteuer bestehen und kommt mit einem Elixier, mit einer Erkenntnis, Macht oder einer großen Liebe zurück. Zu seinem Stamm, seiner Familie oder seinem Partner.«

Geroni stottert und spricht in den Brief: »Ich verstehe kein Wort. Sie schreiben so abgehobenes Zeug wie unser Pfarrer im

Dorf! Und ich will keine Reise machen, ich will meine Schafe wiederhaben, sonst nichts.«

»Genau darum geht es, du sollst hinabsteigen in die Unterwelt und die Schafe suchen. Ein Widder aus der Herde wird im Totenfluss schwimmen und dabei das Gold aus dem Fluss in seinem Fell aufnehmen, daraus entsteht das goldene Vlies. Es wird deine Aufgabe sein, das Vlies zu finden und nach Hause zu bringen. Und ich verspreche dir: Am Ende der Reise wirst du schreiben, lesen und rechnen können und baskisch und französisch sprechen.«

»Ich brauch das nicht, ich will das nicht.«

»Hast du nicht einen unerfüllbaren Traum? Ich glaube, ich kenne deine Träume besser als du selbst. Und was glaubst du, wie Rosita das finden würde? Was glaubst du, wie stolz sie auf dich wäre, wenn du die Kinder im Dorf unterrichten würdest. Dieser Tölpel Cecilio kann da überhaupt nicht mithalten. Was glaubst du, wem Rosita ihre Gunst dann schenkt?«

»Und was geschieht mit dem Gold von dem Vlies?«

»Du bekommst 31,7 % und ich den Rest, einverstanden?«

»Wieso 31,7 %?«

»Keine Ahnung, das ist mir eben eingefallen. Auf jeden Fall reicht es, um deiner Freundin eine Handtasche für 17 000.– € zu kaufen«

»So was Blödes, Rosita braucht bestimmt keine Handtasche für so viel Geld, niemand auf der Welt braucht eine Handtasche für 17 000.– €. Und Negro? Bekomme ich den auch wieder?«

»Der wird dir noch sehr nützlich sein.«

»Und Señora Dulcinea und ihr Pferd?«

»Die werden dir eine Überraschung bereiten, wart's ab. Also, lass uns mit der Reise beginnen. Die erste Station haben wir schon, sie heißt:

1) Die Gewohnte Welt
Der Held wird vorgestellt mit seiner Welt, in der er lebt.

Fällt dir dazu noch etwas ein?«

»Müssen Sie das mit den unanständigen Gedanken, die ich gehabt habe, unbedingt in der Geschichte beschreiben?«

»Ach, so was gehört dazu, Geroni. Das kommt in jeder guten Geschichte vor. Und weiter zur nächsten Etappe:

2) Der Ruf des Abenteuers
Ein Ereignis reißt den Helden aus seinem gewohnten Leben.«

»Ja, das verstehe ich jetzt«, flüstert unser Schäfer beeindruckt. »Das ist das, wie die Erde sich geöffnet hat und was dann alles passiert ist. Aber Don Abbi, hilf mir, ich habe Angst, ich will nicht auf diese … wie heißt sie?«

Don Abbi krächzt: »Heldenreise?«

»Genau. Das will ich nicht machen. Kann ich denn meine Schafe und Negro und Rosita nicht anders bekommen?«

Don Abbi liest wieder aus dem Brief vor:

»Ganz einfach, Cecilio könnte auch die Herde suchen. Er ist ein stattlicher Mann, der hat bestimmt keine Angst. Der ist ein großer Held, vor allem bei Rosita!«

»Nein! Nicht Cecilio! Also gut. Ich gehe auf die Reise, aber ich habe Angst!«

»Mein lieber Geronimo, alle wahren Helden haben Angst. Wer keine hat, so wie der dumme Cecilio, ist kein richtiger Held.

Es geht darum, sie zu überwinden. Die Angst bringt den Helden dazu, vorsichtig, gewissenhaft und vorausschauend zu agieren.«

»Zu was?«

Don Abbi übersetzt wieder: »... zu handeln.«

»Schau Geroni, hiermit haben wir schon die dritte Station hinter uns gebracht, nämlich:

3) Die Weigerung

Zunächst verweigert sich der Held der angedrohten Veränderung. Manchmal hindern ihn auch innere oder äußere Widerstände.

Oder weigerst du dich immer noch?«

»Nnneinn, aber muss ich unbedingt alleine gehen?«

»Gute Frage, Geroni, langsam verstehst du, worum es geht. Don Abbi wird dich ein Stück begleiten ...«

»Ein Stück? Und dann?«

»Das verrate ich nicht, jedenfalls erwartet dich ein guter Freund ...«

»Negro!!«

»Sei nicht so neugierig, du wirst noch sehen. Und damit haben wir die nächste Station erreicht:

4) Die Begegnung mit dem Mentor

Der Held ist entschlossen, sich auf den Weg zu machen. Oft tritt ein Mentor an seine Seite, der ihm beisteht.

Ich habe mir den Spaß gemacht, dir zwei Mentoren nacheinander zur Seite zu stellen. Zunächst hilft dir noch Don Abbi.«

Der Don setzt sich wieder auf Geronimos Schulter und schnattert:

»Dreh dich um. Schau, was da aus der Erde kommt.«

Langsam schiebt sich eine Aluminiumleiter aus der Erdspalte.

»Klettere da hinunter, bis bald, lieber Geroni!«

»Ich dachte, du kommst mit, Don Abbi?«

»Nein, es erwartet dich ein neuer Mentor. Ich muss in meine ursprüngliche Geschichte zurück. Hier, steck den Brief ein. Pass auf dich auf.«

Geronimo geht zögernd auf die Leiter zu, greift an das obere Ende – und schreit laut auf.

»Auaaah! Heiß! Das kann ich nicht anfassen!«

Da kommt Don Abbi aufgeregt zurückgeflattert, fliegt wütend über den Erdspalt und ruft mit Donnerstimme nach unten:

»Habt ihr noch alle Tassen in der Hölle? Leiter abkühlen! Sofort! Entschuldige, Geroni, die Leiter kommt direkt aus der Hölle und da ist es nun mal heiß. Aber jetzt müsste es gehen.«

Es dampft und zischt und eine Schwefelwolke schwebt von der Leiter weg. Geroni tupft mit dem Finger hin und nickt, worauf Don Abbi unter ratterndem Schimpfen abfliegt.

Bedächtig setzt unser Held einen Fuß nach dem anderen auf die Leiter und begibt sich bangen Herzens auf den Weg nach unten. Mit jedem Schritt wird die Luft heißer, mit jedem Schritt wird das dämmrige Licht unheimlicher. An den Felswänden rinnt rotes Wasser herab wie Blut, schreckliche Geräusche dringen herauf, Schreie von Tieren lassen Geroni verzagen. Er hält inne und will wieder nach oben klettern, da löst sich das Leiterstück, das er hinter sich hat, auf. Wie Butter in der Sonne schmilzt es weg, ein Tropfen fällt auf die Stirn des Schäfers. Ein Brandmal, das ihn sein Leben lang begleiten wird.

Vor Schreck verliert er den Halt und fällt – und fällt – und fällt. Auf einmal spürt er, wie ihn eine feuchte Hundeschnauze am Kragen der Fellweste packt und ihn sanft auf eine Felsnase setzt.

Negro!

Dieser hält den Brief bereits in einer Pfote und liest mit sonorer Stimme:

»Geroni, Du machst das großartig. Schon haben wir die nächste Station hinter uns:

5) Das Überschreiten der ersten Schwelle

Der Held macht sich auf die Reise und muss die ersten Prüfungen bestehen. Es gibt kein Zurück.

Jetzt setze dich auf den Rücken von Negro. Er wird dich zur tiefsten Stelle der Erde bringen, wo dich einige merkwürdige, skurrile, aber auch gefährliche Wesen erwarten.«

»Negro, weißt du, wo die Schafe sind? Du bist doch auch verantwortlich für sie.«

Der Schäferhund dreht sich zu seinem Herrn auf seinem Rücken um und grinst nur schelmisch.

Sie segeln immer tiefer. Die schrecklichen Schreie werden lauter, schwefliger Dampf wirbelt herauf, die Felswände rücken näher. Geronimo kann kaum noch die Hand vor seinen Augen erkennen, er klammert sich ängstlich im Fell von Negro fest. Auf einmal spürt er einen leichten Ruck, sie sind gelandet. Negro macht einen Buckel, sodass Geroni von seinem Rücken purzelt. In der undurchdringlichen Dunkelheit tappt er mit den Händen um sich und fühlt Gras, weiches Gras. Ein furchtbarer Schreck durchfährt ihn, als eine Fellpfote über seine Backe streichelt. Glühende Katzenaugen starren ihn an.

»Guten Tag, Geronimo«, kommt eine Stimme aus dem Dunkeln. »Wir haben auf dich gewartet …«

Da unterbricht Negro, er schreit über den Lärm hinweg: »Man sieht nichts! Ippolit, mach mal Licht!«

Mit einem Schlag wird es hell wie am lichten Tag. Zögernd blickt sich unser Held um, sie befinden sich in einer riesengroßen Höhle, größer als das Innere der Kathedrale von Palma. Ein See mit kristallklarem blaugrünem Wasser spiegelt die silbern glänzenden Wände. Auf der gegenüberliegenden Seite grast eine Elefantenherde.

Vor unserem Schäfer sitzt ein pechschwarzer Kater und kaut an einem Nachtigallenschenkelchen.

»Ippolit, schalte den Lärm aus, man versteht kein Wort …«, ruft Negro.

Der Kater macht mit dem Nachtigallenknöchelchen eine Wischbewegung in die Luft wie ein Dirigent und sofort hören die Schreie auf.

»Darf ich mich vorstellen, mein Name ist Ippolit Valkonski, ja ein seltsamer Name, aber wenn du dich ein bisschen auskennst in der russischen Literatur, dann …«

Negro unterbricht ihn wieder: »Is ja gut, das interessiert keine Sau, sag uns lieber, wie wir unsere Schafe wiederfinden.«

»Eure Schafe? Tja, eure Schafe …«

Ein Zischen in der Luft lässt ihn anhalten. Zwei ältere Menschen reiten auf einer Gitarre wie auf einem Hexenbesen heran.

»Oh nein!«, ruft der Kater »Jetzt wird's schwierig, Rosa und Leo.«

Die beiden kreischen von Weitem: »Du verrätst nicht, wo die Herde ist! Er muss erst noch einige Bewährungsproben bestehen.« Die alte Frau springt herab und schlägt mit ihren Kastagnetten wütend auf den Kater ein, doch der kratzt ihr mit seinen messerscharfen Krallen die Arme blutig. Sie fällt jammernd ins Gras.

Negro mischt sich mit wütendem Gebell ein, es entsteht eine chaotische Schlägerei.

Ippolit, der Kater, hat auf einmal den Brief in den Pfoten und ruft mit lauter Stimme:

»Halt, da stimmt was nicht, hier steht: Bitte haltet euch an das, was der Autor geschrieben hat. Geronimo, du schlägst Leo mit einem gezielten Handkantenschlag mitten entzwei. Jetzt fesselt ihr die zwei Hälften von Leo und seine Frau Rosa mit den Gitarrensaiten.«

Schwer atmend machen die drei sich ans Werk. Als sie fertig sind, fragt Geroni den Kater Ippolit:

»Und jetzt? Wie komme ich an meine Schafherde, Hipo?«

»Ippolit, nicht Hipo, du Schafstölpel, Hipo heißt Schluckauf …« Sie fallen in einen Lachkrampf, dass es nur so von den Höhlenwänden widerhallt.

Dann nimmt Negro den Brief in seine Pfoten:

»Schau über den See, Geroni. Siehst du die Herde dort? Dort grasen deine Schafe.«

»Das sind Elefanten, keine Schafe!«

»Sieh genau hin, sind das nicht Schafe?«

»Nein, Elefanten. Negro, Ippolit, das sind doch Elefanten, oder?«

Wie aus einem Munde rufen die beiden Angesprochenen:

»Jawohl, Elefanten!«

Der Briefschreiber lenkt ein: »Na, gut, dann eben Elefanten. Jedenfalls musst du durch den See schwimmen und zu der Herde gehen, dann wirst du schon sehen, was passiert.«

»Ich kann nicht schwimmen.«

»Negro kann dir helfen.«

»Und Hipo«, ruft Geroni

Der Kater sagt traurig zu ihm:

»Nein, mein Freund, ich muss zurück in meine Gechichte.« Er nimmt den Brief und liest:

»Ja, das ist leider so, Ippolit. Und nimm Leo und Rosa mit und liefere sie in ihrer eigenen Gechichte ab. Jetzt wieder zu dir, Geroni, denn jetzt hast du schon die nächste Station der Reise hinter dich gebracht.

6) Bewährungsproben, Verbündete und Feinde

Der Held dringt immer weiter auf unbekanntes Gebiet vor. Auf seinem Weg findet er Verbündete und erkennt seine Feinde.

… jetzt spring ins Wasser.«

»Ich kann nicht schwimmen! Ein wahrer Mallorquiner geht doch nicht ins Wasser!«

»Aber du musst!«

Ippolit meldet sich:

»Das dauert mir zu lange. Ich verlasse dich, mein Freund. Wie sagt ein weiser Mann, man sieht sich immer zweimal im Leben. Lass dich umarmen.« Mit kräftigem Katergriff zieht er den Schäfer an die Brust, dann schleudert er ihn mit einer heftigen Drehbewegung in den See.

Prustend taucht Geroni auf, er schreit: »Hipo, du Verräter!«

Doch Ippolit ist verschwunden und mit ihm auch Rosa und der doppelte Leo. Verzweifelt rudert Geronimo:

»Negro, Hilfe, Negro!«

Bevor der Hund ins Wasser springt, schiebt sich, wild tutend, ein weißes Boot heran, am Bug steht in großer Schrift AMOR. An der Reling steht eine Frau in Kapitänsuniform und wirft unserem Schäfer einen Rettungsring zu. Er schlüpft hinein und sie zieht ihn zu sich hoch, als wäre er ein Kabeljau.

»Guten Tag, Geroni, ich bin Feline, die einzige Kapitänin von Mallorca. Ich habe den Auftrag, dich zu retten.« Sie nimmt ihn fest an der Hand und zieht ihn zu ihrer Kajüte, wobei sie ein leichtes Hinken nicht verbergen kann. Negro ist am Ufer nervös hin- und hergelaufen, nun breitet er seine Flügel aus, fliegt schnellstens auf das Schiff und trottet knurrend hinter den beiden her. Als Feline sich umdreht und ihm einen brutalen Fußtritt versetzt, bleibt Geroni stehen und fährt sie empört an:

»Señora Feline, das dürfen Sie nicht. Das ist mein Hund und ich brauche ihn, um meine Schafe wieder zu finden. Was wollen Sie überhaupt von mir?«

Die Kapitänin streichelt ihm zärtlich über das Haar:

»Ich zeige dir, wo du deine Schafe findest, aber erst musst du mich lieben. Verstehst du? Amor!«

Geronimo wird rot, diese eindeutige Aufforderung schnürt ihm die Luft ab.

»Señora, ich will nur die Schafe, Entschuldigung, aber ich will keine Amor machen … und außerdem …«

»Was außerdem?«, fragt Feline in etwas schärferem Ton.

»Außerdem will ich Rosita nicht betrügen …«

Negro, der aufmerksam hinter den beiden steht, knurrt zustimmend, worauf Feline ihm wieder einen bösen Tritt versetzt.

Der Schäferhund kullert nach Steuerbord. Das bringt das Schiff zum Schwanken, immer mehr, immer mehr, die Kapitänin verliert den Halt und geht kreischend über Bord. Als sie kurz auftaucht, ruft sie: »Adiós, Geroni, ich muss sowieso zurück in meine Geschichte. Das Schiff kannst du behalten. Schade, ich hätte gern mit dir ge ...« Der Rest ist nicht mehr zu verstehen.

Geroni war vor einigen Monaten tatsächlich schon einmal auf so einem Boot gewesen. Sein Onkel Ángel arbeitet nämlich in einer Putzkolonne für die Schiffe der Reichen in Santa Ponsa. Dort hat der Onkel ihm auf der Yacht eines berühmten Filmregisseurs gezeigt, wie man so einen Kahn fährt. Leider nur als Trockenkurs. Wie oft hatte der Onkel heimlich Kapitän gespielt und seinen Träumen freien Lauf gelassen. Onkel Ángel war ohnehin ein »Bailarín sueño«, ein Traumtänzer, oder noch schlimmer ein »Canta mañanas«, ein Schaumschläger, wie Geronimos Mutter abwertend sagte. Am allerliebsten träumte er davon, ein Schauspieler zu sein wie Javier Bardem und dann bekam er stets feuchte Augen, wenn er erzählte, wie er mit Penelope Cruz Paella essen geht.

Geroni weiß also, was zu tun ist. Er nimmt das Steuer fest in die Hand, lässt den Motor aufheulen und nimmt Kurs auf das Ufer, wo die Elefanten auf dem sattgrünen Rasen grasen.

Aber was ist das? Sie kommen der Küste nicht näher, je schneller die Yacht fährt, desto mehr rückt das Ufer in die Ferne. Verzweifelt dreht Geroni den Gashebel bis zum Anschlag, aber es ändert sich nichts. Mit einem Mal bricht das Motorgeräusch ab, die Yacht bleibt mitten im See stehen. Totenstille.

Die Benzinuhr auf null.

»Negro, was machen wir? Wo ist der Brief?«

Der Hund zieht den Brief aus seinem Fell und liest:

»Hast du geglaubt, dass es so einfach geht? Die Heldenreise ist kein Kinderspiel. Die Prüfung mit Feline hast du gut hinter dich gebracht, aber jetzt warten noch einige Wendungen auf dich. Geroni, ich weiß es noch nicht genau, aber vielleicht musst du sogar sterben.«

Entsetzt ruft unser Schäfer: »Bitte nicht! Ich will nicht sterben, ich will meine Schafe und meine Rosita und vor allem meine Ruhe, diese blöde Reise macht mir keinen Spaß, ich will zurück in mein Tramuntanagebirge und nach S'Arracó und nach Andratx!«

»Tut mir leid, Geroni, aber das geht nicht. Falls du jedoch überlebst, warten großartige Ereignisse auf dich. Und damit das Ganze dir doch ein bisschen Spaß macht, habe ich etwas Besonderes für dich vorbereitet.«

In dem Moment rennt Negro freudig an die Schiffspitze, bellt aufgeregt und wedelt heftig mit dem Schwanz. Aus dem Wasser tauchen neun lächelnde Delfine auf. Zuerst singen sie eine anrührende Weise wie in einer russisch-orthodoxen Kirche. Genau das war die Musik, die Geroni vernommen hat, als die Erde sich öffnete. Dann sprechen die Neun im Chor:

»Wir sind das russische Schwarzmeerdelfinballett. Wir heißen Tolstoidostojewskigogolomarsharifdoktorschiwago! Wir haben die Ehre, dich an das Ufer zu bugsieren. Am Bug springen wir alle im gleichen Takt aus dem Wasser, dadurch erzeugen wir Wellen und schieben somit das Boot langsam rückwärts an die Küste. Ist das nicht toll, Geronimotschko?«

In langsamen Schaukelbewegungen nähern sie sich dem felsigen Ufer, das dieses Mal nicht zurückweicht.

»Siehst du, Geronimotschko, das Ufer verschwindet nicht, wenn man mit dem Heck vorwärtsfährt. Man muss manchmal die Perspektive wechseln, dann kommt man mit dem Hintern ans Ziel!«

Tatsächlich landen sie sanft auf dem Kies. Das russische Schwarzmeerdelfinballett singt ein melancholisches sibirisches Abschiedslied und – Schwupps – schon verschwinden Tolstoidostojewskigogolomarsharifdoktorschiwago in ihrer Geschichte, wo sie hingehören.

Müde klettern Negro und Geronimo die Felsen hoch. Möwen zischen knapp über ihren Köpfen hinweg, unzählige kleine Salamander wimmeln um ihre Füße.

»Negro, das erinnert mich an unsere schöne Insel Dragonera, ich will nach Hause.«

Endlich sind sie am oberen Rand der Küste angekommen und blicken auf die Elefantenherde. Doch was ist das?

Die großen Tiere bewegen sich nicht, sie stehen starr. Vorsichtig schnüffelnd schleicht sich Negro an einen Elefanten heran, bleibt vor einem kolossalen Bein stehen und schüttelt den Kopf. Dann hebt er das Bein und pinkelt frohgemut dagegen.

Geronimo nähert sich auch, fasst an einen Rüssel und schüttelt erstaunt den Kopf.

»Negro, die sind aus Glas!«

Der Hund nimmt verwundert den Brief und liest:

»Du hast wirklich gedacht, dass sich die Elefanten in deine Schafe verwandeln, wenn du kommst. Stimmt's?«

Unser Held nickt enttäuscht.

»Nicht so schnell. Du bekommst gleich Besuch, dann wirst du erfahren, wie es weitergeht.«

»Oh, Hombre, ich bin müde und mein Hund auch, ich habe keine Lust mehr …«

»Ich sage nur: goldenes Vlies! Ich sage nur: Rosita!«

Da rast mit einem infernalischen Geheul ein blaues Licht von der Höhlendecke herab, tanzt um die Elefantenherde, fliegt unter den mächtigen Füssen durch, setzt sich auf einen Schädel und fiept: »Geronimo, du bist so brav, dass es nicht auszuhalten ist. Höre, ich bin Behemoth Jesus Maldoror, die Ausgeburt des Bösen. Bei meinem Namen erzittern die himmlischen Heerscharen; und mehr als einer erzählt, dass Satan selbst nicht so schrecklich sei …«

Negro unterbricht ihn unwirsch: »Schon gut, Isidor, so heißt du nämlich in Wirklichkeit, ich hab deine Geschichte gelesen, gaaanz toll bist du. Hast du denn eine Idee, wie wir zu unseren Schafen kommen?«

»Oh ja, du nichtswürdige Nähmaschine, ich weiß es. Hier, Geronimo, hier hast du einen Vorschlaghammer.«

Isidor, die Ausgeburt des Bösen, zieht so ein Werkzeug hervor und reicht es dem Schäfer wie eine Monstranz.

»Damit musst du alle Glaselefanten zerschlagen. Und sobald der letzte in Scherben liegt, werden sie sich in Schafe verwandeln.«

»Und das sind dann wirklich unsere?«

»Das weiß ich nicht, man sagt mir ja nicht alles und jetzt fang an!«

Geroni will zuschlagen, aber er hält inne, denn er entdeckt einen Stempel am Bauch des Glastieres

Vidrios de Arte Gordiola.
S. L. 07210 Algaida –
Illes Balears (Mallorca)

»Negro! In dieser Glasfabrik war ich mal mit Onkel Ángel. Da habe ich für Mama eine Vase gekauft und für Rosita eine wunderschöne, zierliche, rosafarbene Glasrose. Das Päckchen hat Onkel Ángel vor dem Einsteigen in sein Auto aufs Dach gelegt, weil er die Schlüssel gesucht hat. Dann sind wir losgefahren. Nach zehn Metern hat der Onkel gemerkt, dass wir die Glasgeschenke auf dem Dach vergessen haben und sind zurückgerannt … na ja … du kannst dir vorstellen, wie sie ausgesehen haben. Ich habe Rosita den abgebrochenen Stiel mit einem gläsernen Dorn überreicht, aber, das hat ihr überhaupt nicht gefallen …«

Bei der Erinnerung steigt Wut in ihm hoch und er zerschlägt mit Wucht die beiden Vorderfüße des Elefanten, sodass dieser nach vorne kippt und Behemoth auf den steinigen Boden fällt.

»Pass doch auf, imbécil, ich darf mich nicht verletzen. Damit kann mein Erfinder nichts anfangen.«

Gereizt schreit der Schäfer unter seinen Hammerschlägen:

»Halt, die Klappe, du Ausgeburt des Bösen! Willst du nicht zurück in deine Geschichte? Du gehst mir auf die Nerven!«

Geroni hat den dritten Elefanten zerlegt. Er schwitzt stark und der rechte Arm tut ihm weh. Und am linken Arm hat ihm eine Glasscherbe einen tiefen Schnitt versetzt. Es sind so viele Glaselefanten, er muss seine Kräfte einteilen.

Negro hat sich in den Hintergrund verzogen, um nicht von herumfliegenden Glasstücken verletzt zu werden.

Unser Held arbeitet wie ein Berserker, ein Elefant nach dem anderen zerspringt in Scherben, doch es werden anscheinend nicht weniger. Behemoth-Isidor schwirrt herum und feuert Geroni an, aber dem schwindet immer mehr die Energie. Zumal er am ganzen Körper blutet. Er kann den schmierigen Hammergriff nicht mehr halten und als er auf den Scherben ausrutscht, bleibt er bewegungslos und schwer atmend liegen.

Behemoth-Isidor saust wild durch die Luft und feixt:

»Haha, du kannst nicht mehr, das gefällt mir, denn ich bin der Inbegriff des Bösen ...«

Geroni keucht, ihm fällt der schlimmste Fluch ein: »Me cago en tus muertos!«

»Du scheißt auf meine Vorfahren?« Das Lachen des blauen Lichts wird immer verrückter:

»Nur zu! Hahaha, ich habe keine Vorfahren ...«

»Negro hilf mir!«, ruft Geroni

Jetzt springt der Hund hoch, fährt seine Fledermausflügel aus und versucht Behemoth-Isidor zu schnappen, doch der entwischt immer wieder. Ein wilder Luftkampf beginnt, sie rasen unter der Höhlendecke hin und her wie Flipperkugeln. Da hängt sich Negro wie eine Fledermaus mit dem Kopf nach unten hinter einen Felsvorsprung, die Ausgeburt des Bösen flitzt um die Ecke, ist verwirrt und schon schnappt ihn der Hund mit seinem großen Maul und schluckt ihn herunter.

Geroni, zwischen Blut und Glassplittern, traut seinen Augen nicht. Sein schwarzer Hund leuchtet plötzlich blau wie eine Nachtlampe, das Licht wandert durch Negros Körper und mit einem lauten Plopp entweicht es seinem Hintern.

Der Inbegriff des Bösen kreischt:

»Mir reicht's, ich geh zurück in den Balearenknast, macht, was ihr wollt, hasta luego«, und mit einem unangenehmen Zischen verschwindet es zwischen den Höhlenwänden.

Geroni liegt völlig geschwächt am Boden, er kann sich nicht mehr bewegen. Hinter ihm ein Teppich von Glasscherben, vor ihm ein Wald von Elefanten. Er blutet aus tausend Wunden, er spürt, wie das Leben aus ihm heraussickert und er weint blutige Tränen.

»Negro, wo bist du? Muss ich jetzt sterben?«

Der Schäferhund kommt im Sturzflug angesaust, setzt sich vorsichtig vor seinen Herrn und beginnt, bedächtig dessen Wunden zu lecken.

»Negro, wo ist der Brief? Wie geht es weiter? Ich finde die Schafe nie! Ich will sterben!«

»Der Brief war zu Ende, Herrchen. Tut mir leid. Der letzte Satz war: ›Ich sage nur: Rosita!‹«

Da bäumt sich unser Held auf und schreit, dass es von den Höhlenwänden hallt: »Oh Rosita, ich will noch nicht sterben!«

Pferdegetrappel lässt ihn aufhorchen, während Negro immer schneller die Schnittwunden leckt, die sich sofort durch seinen Speichel schließen.

Das Hufgetrappel kommt näher und Señora Dulcinea Tobosa y Camacho, die Postbotin ruft von Weitem: »Geroni, schon wieder ein Brief für dich!«

»Señora, wo kommen Sie her? Haben Sie meine Schafe gesehen?«

»Nein, mein Freund, ich komme direkt aus der Hölle. Dort ist das spanische Hauptpostamt …«

Sie zwinkert dem Schäfer vieldeutig zu, und ehe der noch etwas sagen kann, ist sie verschwunden. Der Klang der Hufe hallt wie ein Echo in der Höhle nach.

Ängstlich öffnet Geroni den Brief und reicht ihn Negro, der ihn sich dicht vor die Nase hält und murmelt: »Verdammt, ich werde alt, ich brauche bald eine Brille. Aber, mein Herrchen, alle Wunden sind verschlossen, nur ein paar kleine Narben sind zu sehen, ich glaube, das verdient eine Extraportion Lammhaxe.«

»Du bist gut, erst müssen wir die Lämmer wiederfinden, dann können wir darüber reden. Jetzt lies bitte!«

Negro liest:

»Ich gratuliere, auch die siebte Station hast du jetzt geschafft,

7) Vordringen in die Tiefe der Höhle

Der Held begreift, dass es wieder um Leben oder Tod geht. Er muss sich entscheiden und danach gibt es keinen Weg mehr zurück.

Jetzt sag deinem Mentor danke und vergiss seine Lammhaxe nicht. Und bei mir könntest du dich auch bedanken, dass ich dich nicht sterben ließ … noch nicht!«

Geroni verbeugt sich ironisch nach allen Seiten und sagt:

»Wo sind meine Schafe? Gibt es denn kein Ende von dieser schwierigen Reise?«

»Oh doch, ich hatte gehofft, dass du alle Elefanten zerschlägst, aber die Reise kann auch so weitergehen. Eine Prüfung musst du noch bestehen. Siehst du das dunkle Loch dort hinten am Ende der Wiese, mit dem Fliegenschwarm davor. Krieche hinein und arbeite dich hindurch, wenn du Glück hast, siehst du bald ein Licht. Dort erwartet dich eine ganz besondere Gestalt.«

Zögernd und mit starkem Herzklopfen steht unser Held vor dem knapp mannshohen Eingang, wedelt sinnlos mit der Hand, um die unangenehmen Fliegen zu vertreiben.

Negro hat den Schwanz eingeklemmt, auch er hat Angst. Dann reißt sich Geroni zusammen und tapst gebückt hinein, hinter ihm sein Hund. Undurchdringliche Dunkelheit umfängt ihn, er schlägt sich den Kopf an der niedrigen Decke an, der Schäfer geht auf die Knie. Er schreit auf, denn er hat in etwas Glitschiges gegriffen. Es war eine Kröte. Sie verschwindet quakend im Dunklen. Negro winselt, er will nicht weiter. Geroni flüstert:

»Verlass mich nicht, Negro, ich brauch dich.«

Sie kriechen vorsichtig vorwärts, es wird immer feuchter. In einer Pfütze tummeln sich grell leuchtende Grottenolme. Die beiden Helden robben durch das Wasser. Wieder schreit Geroni auf, er hat einen elektrischen Stoß bekommen. Ein Zitteraal hat ihm einen Schlag versetzt. Doch dieser Schub gibt ihm Energie und Kraft zurück. Da entdecken sie auch schon ein gleißendes Licht am Ende des Tunnels und schmissige Musik dröhnt herein.

Geroni traut seinen Augen nicht, als er vor den Höhlengang tritt.

Ein weiter Platz, hell erleuchtet in gelbem, warmem Licht. Ein roter Teppich führt zum zweiflügeligen Holztor eines tempelartigen Gebäudes. Das Tor ist über und über mit geschnitzten Zirkusfiguren bestückt.

Gemessenen Schrittes schreitet ein Mann über den Platz. Wie er lächelnd in seinem gut sitzenden Frack und einem Zylinder in der Hand auf sie zukommt, sieht er überaus sympathisch aus. Er lässt seine tadellosen weißen Zähne blitzen, kohlrabenschwarze Augen blitzen vor Begeisterung darüber, dass er die beiden begrüßen darf. Nur der Sonnenbrand auf seiner rasierten Glatze passt nicht so recht. Jovial begrüßt er die beiden.

»Willkommen, willkommen, ihr tapferen Abenteurer! Ich freue mich, euch hier begrüßen zu dürfen!«

Da jault Negro merkwürdig auf. Für den Bruchteil einer Sekunde verliert der Herr die Fassung und seine schwarzen Augen glühen wie Kohlen.

»Mein Name ist Tomás, einfach Tomás. Ich freue mich so sehr, euch mein Reich zeigen zu dürfen. Sie werden großen Spaß haben. Treten Sie näher, treten Sie ein!«

Mit einem Fingerschnipsen von ihm öffnet sich das pompöse Tor und gibt den Blick frei auf eine liebliche Landschaft mit Feigen- und Orangenbäumen, Weinreben und sattgrünem Rasen.

»Schau, Negro, frisches Gras, das mögen die Schafe besonders gern, sie sind bestimmt hier. Jetzt nimmt die Reise doch ein gutes Ende.«

Tomás lacht liebenswert, als er das hört.

»Oh ja, mein Lieber. Geh nur hinein, dort wirst du eine Überraschung erleben.«

Geroni stolziert in freudiger Erwartung durch das Tor, aber Negro wimmert leise. Nach einem kurzen Zögern entschließt er sich doch mitzugehen.

Als die beiden hindurchgegangen sind, fallen die schweren Flügel blitzschnell zu und mit einem grausigen Quietschen schieben sich mehrere eiserne Riegel automatisch davor.

Die saftigen Bäume welken in Sekundenschnelle und das Grün des Rasens verwandelt sich in einen graubraunen Teppich. Eine diabolische Stimme lässt unseren Helden herumfahren. Auf einer Torzinne über ihnen steht der nette Herr Tomás und ruft:

»Ich, Tomás de Torquemeda, Großinquisitor des Heiligen Katholischen Spanischen Reiches, ich verurteile dich, Geronimo Miranda, zum Verbrennungstod in der Sonne der spanischen Hochebene.«

Geroni muss beinahe lachen, so verrückt klingt der Satz. Als er sich umdreht, geht sein Blick über eine unendliche wüstenähnliche Ebene mit zwei eingefallenen Windmühlen mittendrin.

Und ganz weit entfernt am Horizont flimmert im Hitzedunst die alte Stadtmauer von Ávila. Die Sonne brennt herunter, als ob jemand einen Hochofen angezündet hätte.

»Geronimo, höre! So wahr es ist, dass die Erde eine Scheibe ist, so wahr ist es, dass du aller sieben Todsünden schuldig bist:

Da ist die Wollust: Du hast unanständige Gedanken gehabt, als du an Rosita gedacht hast. Und als Señora Dulcinea angeritten kam, hast du ihre, zugegeben sehr enge, Bluse mit Blicken ausgezogen.

Da ist die Völlerei: Du hast kürzlich zwei große Scheiben Sobrasada fast gleichzeitig in den Mund gesteckt und vor zehn Jahren heimlich eine Ensaimada in der Speisekammer deiner Mutter gefuttert.

Da ist der Neid: Du hast deinem Widersacher Cecilio die Pest an den Hals gewünscht, nur weil er mit Rosita ein Eis essen ging.

Da ist die Habgier: Du bist gierig, wie versessen auf das goldene Vlies, damit du dir dann ein liederliches Leben machen kannst, vielleicht eine Villa in Puerto Andratx und für Rosita eine Handtasche für 17 000.– Euro …«

Der Schäfer hat bisher wie versteinert zugehört, doch jetzt bricht es aus ihm heraus:

»Aufhören! So ein Schafscheiß, was soll das? Schon wieder dieser Quatsch mit der Handtasche …«

»Aha! Da haben wir's!«, ruft Torquemeda. »Da ist die Todsünde des Zorns: Du kannst dich nicht beherrschen, beschimpfst mich. Auch hast du dich gegen meinen Freund Behemoth Jesus Maldoror unmöglich verhalten und ihn mit Schimpftiraden überzogen, so etwas ist schlimmer Frevel!«

Da brummelt Negro: »Der heißt nicht Behemoth, der heißt Isidor-Kleeken.« Aber Gott sei Dank hat der Großinquisitor das nicht gehört. Dieser steigert sich in einen Anklagefuror, als ob er ein Plädoyer vor dem Inquisitionsgericht hält. Seine Stimme überschlägt sich.

»Da ist noch die Trägheit: Wie oft hast du unter einem Olivenbaum Siesta gehalten und dein unbegabter Schäferhund hatte größte Mühe, die Herde zusammenzuhalten?«

Negro lässt ein tiefes Grollen vernehmen.

»Und jetzt die schlimmste aller Sünden: der Hochmut.

Du hast geglaubt, dass du bald schreiben und lesen und rechnen kannst und dass du auch noch fremde Sprachen erlernen wirst – das ist Gotteslästerung in ihrer abartigsten Form!

Und der grässlichste, abscheulichste Höhepunkt von allem: Du hast geglaubt, du bist ein guter Mensch – das ist eine unverzeihliche Herausforderung Gottes. Das muss mit Verbrennen und ewigem Fegefeuer bestraft werden.

Und nun begib dich auf die Wanderung in diese Wüste. Vielleicht hast du Glück und überlebst. Dann wirst du am Rande der Weltscheibe deine Schafe finden, möglicherweise und dann …«, er lacht das gleiche Lachen wie bei der Begrüßung vor dem Tor, »… weit wirst du nicht kommen!«

Da zieht Negro eine Elefantenglasscherbe hervor, die er sich als Andenken aufheben wollte, hält sie in die Sonne wie ein Brennglas. Das Holztor fängt augenblicklich an zu schmoren, Flammen züngeln hoch, wie Zunder brennt das Tor, erfasst den Großinquisitor und in kurzer Zeit ist nur noch ein großer Haufen Asche übrig und sie hören eine klägliche Stimme: »Wie komme ich jetzt zurück in meine Geschichte?«

Geroni und Negro allein in der spanischen Wüste.

Was tun?

»Negro, lies vor, es muss eine Lösung geben.«

Der Hund liest aus dem zweiten Brief vor:

»Verzeihung, Geroni, ich weiß im Moment auch nicht weiter, geh einfach mal drauf los ...«

Und so marschieren die zwei Helden vorwärts.

Wie Geronis Blick wieder über die unendliche Einsamkeit des spanischen Hochlandes geht, der Meseta Iberica, erinnert er sich schmerzlich an die Zeit, als sein Vater noch lebte. Dieser organisierte gern kleine Reisen mit der Familie in dem klapprigen Seat Kombi und so machten sie sich eines schönen Tages auf die Fahrt von Mallorca nach Ávila, um dort Geronis Großtante Carmen Inmaculata im Karmelitinnenkloster zu besuchen. Onkel Ángel wollte unbedingt mitkommen, obwohl Mama das überhaupt nicht gefiel. Schließlich willigte sie doch ein.

Als sie bei Gluthitze im dürftigen Schatten einer zerfallenen Windmühle Mittagsrast hielten, zog Onkel Ángel ein Buch hervor. Es war »Don Quijote« von Cervantes. Und diese Geschichten, vorgelesen in der Landschaft, wo sie spielten, genau hier in der La Mancha ... diese verrückten Geschichten ließen Geronis Fantasie Purzelbäume schlagen. Er fühlte sich wie Sancho Panza, zitterte mit Don Quijotes Pferd Rosinante und träumte, so wie der Ritter, von der edlen Dame Dulcinea. Dulcinea! Die Postbotin heißt doch auch so! Was für ein Zufall.

Negros Zunge hängt fast bis zum Boden. Der Schweiß tropft dem Schäfer in die Augen und das Laufen fällt ihm immer schwerer. Seit Stunden quälen sie sich über die knochentrockene Erde. Unbarmherzig sticht die Sonne, kein Schatten weit und breit. Und der Horizont in weiter, weiter Ferne.

Nirgendwo Wasser, um den entsetzlichen Durst zu stillen, nirgendwo etwas zu essen. Geroni verzagt. Negro möchte sich setzen, aber der Boden ist zu heiß. Seine Fledermausflügel hängen vertrocknet an seinem Bauch, er knickt schon mit den Beinen ein. Sein Herrchen schleppt sich kraftlos vorwärts, er hat nur einen Gedanken: »Ich muss die Schafe finden.« Aber als er stolpert und auf den Bauch fällt, möchte er nur liegen bleiben.

»Nein! Dieser schreckliche Tomás soll nicht recht behalten, ich will nicht ins ewige Fegfeuer ...«

Er rappelt sich auf, aber nach wenigen Metern muss er stehen bleiben. Negro ist schon weit hinter ihm geblieben, auch ihm versagen die Kräfte.

Langsam sinkt Geroni zu Boden, langsam trottet sein Hund zu ihm, legt sich hechelnd neben ihn. Der junge Schäfer spürt, wie die grausame Sonne seine Haut verbrennt, das Brandmal auf der Stirn schmerzt wie eine Schnittwunde.

»Negro, wir sterben. Wir sind keine Helden, was soll's?«

Er verliert das Bewusstsein.

Was ist das? Was weckt ihn da? Ein kühler Windhauch holt ihn zurück in die Welt. Er schlägt vorsichtig die Augen auf. Es ist Nacht, über sich türmt sich die unendliche Weite des Universums. Die Sterne blinken, als wollten sie ihn aufmuntern, ihm Kraft geben. Negro schläft mit friedlichen Atemzügen neben ihm. Der Wind frischt immer mehr auf, entwickelt sich zu einem kleinen Sturm. Geroni erkennt in der sternenhellen Dunkelheit, wie zwei eigenartige Gestalten in seine Richtung geblasen werden. Sie halten Pinsel und Bleistifte in den Händen und haben Zeichenpapier und Leinwand unter die Arme geklemmt.

Als sie bei ihm ankommen, legt sich der Sturm und die zwei plumpsen fröhlich auf die Erde vor den verblüfften Schäfer und seinen Hund. Der wedelt mit dem Schwanz und schnüffelt in Richtung des einen Ankömmlings, der mit seinem Zylinder auf dem breiten Kopf aussieht wie eine Gestalt aus dem 18. Jahrhundert. Und beim anderen, dem mit der Glatze, den durchdringenden Augen und dem Ringelhemd, bei diesem schmiegt Negro sich an und leckt sich das Maul. Dieser nimmt dem Hund den Brief aus der Pfote und liest schmunzelnd vor:

»Geroni, vielleicht hast du schon mal den Namen Picasso gehört, das ist der, der dir gerade den Brief vorliest.«

»Ja, von dem hat Onkel Ángel erzählt, dass er ein wichtiges Bild gemalt hat für Spanien, ich habe den Titel vergessen.«

Da steht Picasso auf, verbeugt sich und sagt: »›Guernica‹, so heißt das Bild und ich heiße Picasso, aber du darfst Pablo zu mir sagen«, und er liest weiter:

»Und der andere mit dem Zylinder und dem Frack, das ist Francisco Goya, vielleicht …«

»Ja«, unterbricht Geroni, »unser Pfarrer hat uns einmal ein Buch gezeigt mit Bildern, die der Señor Goya gemalt hat. Der Herr Pfarrer hat das Buch aus Versehen liegen lassen und wie wir Buben heimlich hineingeschaut haben, da … da … lag da eine nackte Frau, ich glaube die hieß Maya. Das hat uns sehr gefallen«, kichert der junge Mann hinter vorgehaltener Hand.

»Nun, du Held, nun hast du die achte, entscheidende Station geschafft, hast Tomás de Torquemeda besiegt.

8) Die letzte Prüfung

Der Held trifft auf seinen größten Feind.

Und ich kann dir verraten wie die letzte Station, die neunte, heißt:

9) Rückkehr mit Elixier

Am Ende ist der Held persönlich gereift und befindet sich in einer neuen Situation. Er hat von seiner Reise etwas Entscheidendes mitgebracht: Erfahrungen, Macht, einen Schatz oder die große Liebe.

Nun kannst du dich auf den Heimweg machen.«

»Was?«, schreit Geroni. »Wieso habe ich den ganzen Quatsch mitgemacht? Ich will meine Schafe wiederhaben! Und wo ist der Widder mit dem goldenen Vlies? Apropos, 31,7 % vom Gewinn soll ich bekommen. Das ist zu wenig, ich will genau 8,3 % mehr, das heißt vierzig Prozent. Und du hast mir versprochen, dass ich hinterher schreiben, lesen und rechnen kann, und baskisch und französisch sprechen.«

»Madre mia de mi alma, habe ich vergessen. Meinetwegen 40 Prozent, aber nicht mehr! Du hast übrigens gerade eben sehr genau ausrechnen können, wie viel du mehr haben willst …«

»Himmel, dann kann ich rechnen?«

»Richtig, du kannst jetzt rechnen. Aber du musst weitergehen. Lass dich von den beiden Malern führen, dann wirst du eine große Überraschung erleben.«

Francisco Goya und Pablo Picasso nehmen Geronimo bei den Händen und ziehen ihn behutsam, aber bestimmt, in Richtung Weltenende. Neugierig trottet Negro hinterher.

Als sie dem Rand näherkommen, vernehmen sie ein mächtiges Rauschen. Unser Held schaut gespannt über die Kante und was er da tief unten erkennen kann, lässt beinahe sein Herz vor Freude und Aufregung zerspringen.

Die Schafherde!

Die Tiere stehen dicht gedrängt am Ufer eines wildschäumenden reißenden Flusses. Sie blöken mitleiderregend und starren auf das gegenüberliegende Ufer. Dort liegt ihr Leithammel auf dem Rücken, er ist offenbar tot. Sein Fell blinkt golden zu unserem Helden herauf.

Geroni schaut Picasso hilflos an:

»Wie soll ich da hinunterkommen? Und wie wieder hoch? Und wie komme ich über den Fluss an das goldene Vlies?«

Picasso liest vor:

»Frag Goya, er wird dir helfen.«

Francisco nimmt einen dicken Pinsel, taucht ihn in schwarze Farbe und malt einen Strich über den Fluss. Geroni versteht, er setzt vorsichtig einen Fuß auf das Seil, da ruft Pablo: »Halt, da fehlt was!«

Und er malt Geroni einen Clown-Mund. Nun tanzt der Schäfer leichtfüßig zum anderen Ufer, mit Negro im Schlepptau. Drüben angekommen, schreit er: »Wie soll ich nach unten kommen? Francisco, mal mir bitte eine Leiter.«

»Zu spät, mein Freund, ich darf nur einen einzigen Strich machen, steht im Brief.«

Da braust auf dem Fluss eine bizarre Gestalt auf einem Surfbrett heran. Breitkrempiger schwarzer Filzhut, Samtjacke und bodenlanger Umhang, schulterlange Haare, Koteletten, der berühmte Schnurrbart auf zehn nach zehn, eine Pfeife im Mundwinkel und er führt einen Stock mit vergoldetem Knauf bei sich.

Ein Wesen aus der Unterwelt.

Geroni schreit: »Den kenn ich, das ist Señor Salvador Dalí!« Salvador springt behände vom Surfbrett und ruft mit pathetischer Stimme: »Oh, bukolischer Schäfer! Ich, Salvador Dalí, bin der Einzige, der dir helfen kann.« Er malt blitzschnell eine Giraffe mit Schubladen im Hals in die Landschaft. In Windeseile hangelt sich der Schäfer daran herunter und läuft zu dem toten

Widder. Geschwind zieht er ihm das goldene Fell ab. Am anderen Ufer sind die Schafe verstummt und beobachten mit großen Augen, was da vor sich geht.

Geroni lädt seinem Hund das goldene Vlies auf. Sie wollen wieder nach oben turnen, doch alle Hilfsvorrichtungen sind verschwunden. Von oben rufen die drei Helden der Malerei im Chor: »Adios, Geroni, sei guten Mutes. Wir müssen schnell zurück in unsere Geschichte.«

Verzweifelt sinkt der Schäfer zu Boden. Die Sterne blinken unendlich weit entfernt über dem Einstieg zur Schlucht. Hier am Rande des tosenden Flusses ist es so duster, dass man kaum etwas erkennen kann.

Negro hat das goldene Fell abgeschüttelt und läuft nervös am Flussufer hin und her. Er bellt immer wieder zu den Schafen auf der anderen Seite hinüber.

Der Brief! Wo ist der Brief?

Geroni tastet herum, endlich hat er ihn gefunden.

»Negro, lies vor.«

Aber der Hund schüttelt den Kopf und rast immer wilder am Ufer auf und ab.

Unser Hirte blickt auf das Papier und eine Schockwelle durchfährt ihn vom großen Zeh bis zu den Haarspitzen. Er kann lesen!

»Lieber Geroni, ich hab's dir versprochen, du kannst jetzt lesen. Deine Reise ist zwar noch nicht ganz zu Ende, deswegen musst du mit dem Schreiben noch etwas warten, aber die erste Belohnung bekommst du jetzt schon. Verzage nicht, du musst noch ungefähr dreizehn Minuten und vierunddreißig Sekunden warten, dann wird es für euch weitergehen.«

»Euch? Meinst du auch meine Schafe mit euch?«

»Wart's ab.«

Dreizehn Minuten und vierunddreißig Sekunden können unendlich lang sein. Geroni wird immer ungeduldiger. Also widmet er sich dem Vlies. Er versucht, mit seinem Messer das Gold aus dem Fell zu schaben, aber es geht nicht ab. Es ist ein sehr hartes Metall. Da kommt unserem Helden die Erkenntnis wie mit einem Hammer:

»Das ist kein echtes Gold! Das ist Katzengold! Narrengold! Oro de los tontos! Pirito!«

Er lacht laut auf.

Vor einigen Jahren war Onkel Ángel mit einer Künstlerin befreundet, die die Kreuze auf dem Friedhof von S'Arracó vergoldet hat. Eines Tages gab es einen Skandal, denn die Malerin sollte das große Kreuz in der Kirche restaurieren und Onkel Ángel hatte dem Pfarrer versprochen, das Gold für die Arbeit recht billig zu besorgen. Und wie es so geht im Leben, er war einem Betrüger aufgesessen, dieser hatte ihm Katzengold angedreht. Dabei hat Geroni gelernt, was der Unterschied zwischen den Metallen ist. Onkel Ángel und die Malerin waren hinterher nicht mehr befreundet.

Geroni sitzt am dunklen Ufer des schäumenden Flusses, gegenüber blöken unerreichbar seine Schafe, Negro ist nicht zu bändigen und was tut unser Held? Er lacht! Er lacht und ruft, dass es von den Wänden der Schlucht widerhallt: »Kein Gold! Kein Geld! Keine Handtasche! Aber lesen kann ich!«

Diese Erkenntnis beruhigt den Fluss und er fließt mit einem Mal gemächlich und träge dahin. Negro kommt angerast und stupst seinen Herrn in das kalte Wasser.

»Negro, bist du verrückt, ich kann nicht schwi …« Schnell verstummt er, denn ihm kommen die Schwimmbewegungen wie von selbst. Negro springt mit einem Grinsen auch ins Wasser.

So kraulen die beiden ans andere Ufer, wo die Schafherde sie schmatzend und vor Freude grunzend erwartet.

Als sie triefend aus dem Wasser steigen, wird es mit einem Mal hell und heller. Der Mond! Fett, voll und schwelgerisch schiebt er sich über die Schlucht. Ein besonders glänzender, breiter Strahl kitzelt Geroni an den Zehen. Er wirft einen Blick auf den Brief. Dort steht ein letztes Wort:

»Geh!«

Vorsichtig setzt der junge Hirte einen Fuß auf den Mondstrahl. Hinter ihm hat Negro die Herde zusammengetrieben und führt sie auf diese himmlische Brücke.

Stolz und glücklich wandern sie nach oben.

Als die Prozession an der Kante der Schlucht angelangt ist, biegt sich der Mondstrahl und flutet wie ein Scheinwerfer den Platz, der Geroni sehr bekannt vorkommt.

Hier fing das Abenteuer an, die Heldenreise.

Das Feuer, an dem er gesessen hat, ist erloschen, aber der Pferch steht noch.

Ein dröhnender Schlag hinter ihm lässt ihn zusammenfahren. Die Schlucht hat sich geschlossen, der Riss in der Erde ist nicht mehr zu erkennen. Das Land liegt im hellen Mondlicht vor ihm hingebreitet, als sei nichts geschehen.

Von Weitem dringt der vertraute Klang einer mallorquinischen Flöte an Geronis Ohr, dazu quäkt ein Dudelsack, der Rhythmus wird von Chimbombas unterlegt. Vom Tal herauf zieht eine fröhliche Menschenmenge, das ganze Dorf ist auf den Beinen zu seinem Empfang.

An der Spitze marschiert seine geliebte Mama mit Onkel Ángel. Dann der Pfarrer, neben ihm der Bürgermeister mit einem Buch unter dem Arm. Aber wo ist Rosita?

Dort trottet sie zögerlich heran. Was trägt sie da auf dem Arm? Und wen hält sie an der Hand? Geroni steht das Herz still. Rosita drückt ein Baby an ihre Brust und hält Cecilio an der Hand. Unser Held läuft auf sie zu, will sie umarmen, zögert und stottert: »Rosita, was … was …?«

Sie blickt ihm fest in die Augen und sagt mit leiser Stimme:

»Ach, Geroni, du warst ein ganzes, langes Jahr weg. Einfach verschwunden und da … na ja, du siehst es ja …«

Cecilio versucht eine Annäherung, boxt ihn lachend gegen die Brust, um die Situation zu entkrampfen: »Hombre, ich sag dir, so ein kleines Baby, das ist eine Abenteuerreise …«

Geronimo weiß nichts zu sagen.

Da nimmt ihn die alte Wirtin von der Bar Can Viguet in den Arm, küsst ihn auf beide Wangen und spricht auf Französisch: »Wie schön, dass du wieder da bist. Comme c'est bon que tu sois de retour.« Und automatisch antwortet er: »Je suis heureux aussi, Madame Margarita.« Sie ruft erstaunt: »Du sprichst ja Französisch!«

Und mit einem schelmischen Lächeln antwortet er: »Mais, c'est la moindre des choses.«

Donato hätte er beinahe nicht erkannt, denn er trägt einen Vollbart. Mit seinen ölverschmierten Fingern reicht er Geroni die Hand.

Da wird er herumgerissen und sein alter Kumpel Maxi umarmt ihn so heftig, dass der Dudelsack, den er vor seiner Brust trägt, laut aufjault. Er ruft auf Baskisch: »Du darfst nie mehr so lange fortgehen, alter Freund. Ezin duzu hainbeste denbora utzi, lagun zaharra.«

Worauf Geroni auf Baskisch antwortet: »Das verspreche ich dir, Maxi. Hori agintzen dizut, Maxi.«

Der Bürgermeister steht gerührt vor ihm, reicht ihm das Buch und sagt: »Lieber Geroni, wir haben beschlossen ein Ehrenbuch zu führen und du sollst der erste sein, der hineinschreibt, bitte!«

Er schreibt: »Danke für Alles. Ich werde mich angemessen erkenntlich zeigen. Euer Geroni Miranda (Held).«

Mit aufgerissenen Augen starrt er auf den Füllfederhalter und flüstert: »Ich kann schreiben!«

Endlich kommt seine Mama zu ihm, küsst ihn mitten auf den Mund, streicht ihm durch die Haare, fährt nachdenklich über das Brandmal auf seiner Stirn und schaut ihn stumm mit stolz leuchtenden Augen an.

Onkel Ángel drückt ihn an sich und flüstert:

»Ein bisschen Don Quijote steckt in jedem von uns und obendrein ein Quäntchen Sancho Panza.«

Wie auf Stichwort kommt Pferdegetrappel heran. Señora Dulcinea prescht mitten durch die Versammlung. Die langen Haare flattern im Wind, die obersten Knöpfe ihrer Bluse sind geöffnet. Sie ruft: »Kein Brief, Geroni, eine Ansichtskarte von Palma. Da steht: Reite mit Señora Dulcinea in die aufgehende Sonne!« Und mit einem Griff zieht sie den Schäfer zu sich aufs Pferd. Aber der brüllt: »Halt! Ich muss noch etwas sagen.«

Señora Dulcinea zügelt den Gaul, der sich aufbäumt und unseren Helden abwirft. Sofort kommt Negro zu ihm gelaufen, um zu helfen, was die Herde als Zeichen nimmt, und so trotten alle Schafe brav in ihren Pferch.

Geroni am Boden schüttelt sich nur und krault seinen Hund am Ohr. Dann steht er elastisch auf, holt tief Luft und spricht stolz:

»Liebe Freunde, ich habe eine Reise hinter mir, die mich verändert hat. Das Gold, das ich mitbringen sollte, ist por los tontos,

Narrengold, und die Frau, für die ich das alles gemacht habe, ist por …Cecilio. Aber das wiegt alles nichts. Ich habe ein Elixier mitgebracht, das nicht mit Gold aufzuwiegen ist: Ich kann lesen und schreiben und rechnen. Ich kann schwimmen und ich kann fremde Sprachen. Und deshalb, liebe Rosita, verrate ich dir und euch allen meinen Traum, den ich jetzt verwirklichen kann: Ich werde Lehrer. Ich gründe eine kleine Schule. Bald kommen deine Kinder zu mir und ich werde sie unterrichten und ihnen beibringen, dass man nicht ins Fegefeuer kommt, wenn man ein guter Mensch ist. Hasta luego, Muchachos, amigas, mi madre, i todos otros.« Unter dem Jubel der Menge springt er zu Señora Dulcinea auf das Pferd.

Und mit einem lächelnden Negro an der Seite reiten sie in den golden heraufschimmernden Morgen auf Mallorca.

FIN